परिमल

सूर्यकान्त त्रिपाठी 'निराला'

राजकमल पेपरबैक्स

पहला संस्करण : 1978
बारहवाँ संस्करण : 2019
पहला पेपरबैक संस्करण : 2024

राजकमल पेपरबैक्स : उत्कृष्ट साहित्य के जनसुलभ संस्करण

राजकमल प्रकाशन प्रा.लि.
1-बी, नेताजी सुभाष मार्ग, दरियागंज
नई दिल्ली-110 002
द्वारा प्रकाशित

शाखाएँ : अशोक राजपथ, साइंस कॉलेज के सामने, पटना-800 006
पहली मंजिल, दरबारी बिल्डिंग, महात्मा गांधी मार्ग, प्रयागराज-211 001
1, अनमोल सोराबजी संतुक लेन, धोबी तालाव, मरीन लाइंस, मुम्बई-400 002

वेबसाइट : www.rajkamalprakashan.com
ई-मेल : info@rajkamalprakashan.com

बी.के. ऑफसेट
नीवन शाहदरा, दिल्ली-110 032
द्वारा मुद्रित

मूल्य : ₹250

PARIMAL
Poems by Suryakant Tripathi 'Nirala'

ISBN : 978-81-7178-219-2

दो शब्द

प्रस्तुत पुस्तक नवीन साज-सज्जा के साथ पुनर्मुद्रित होकर निकल सकी, इसका श्रेय श्रीमती शीलाजी सन्धू, संचालिका 'राजकमल-प्रकाशन' प्राइवेट लिमिटेड, नयी दिल्ली को है; जिन्होंने पुस्तक को आधुनिकता का रंग-रूप देकर छापने में अपनी सुरुचि का परिचय दिया है। मैं उनके इस स्नेह-पूर्ण सहयोग के प्रति आभार मानता हूँ।

विमोचित एवं पुनर्मुद्रित पुस्तक का नव संस्करण हिन्दी के सुयोग्य पाठकों को सहर्ष समर्पित करते हुए आशा करता हूँ कि वे "निराला" की कृतियों को जिस रुचि और आदर-भाव से अपनाते रहे हैं, इसे भी अपनायेंगे।

२६५, छोटी वासुकि,
दारागंज,
प्रयाग।
२-११-७८

रामकृष्ण त्रिपाठी.
आत्मज,
महाकवि "निराला"

भूमिका

हिन्दी की वाटिका में खड़ी बोली की कविता की क्यारियाँ जो कुछ समय पहले दूरदर्शी बागबानों के परिश्रम से लग चुकी थीं, आज धीरे-धीरे कलियाँ लेने लगी हैं। कहीं-कहीं, किसी-किसी पेड़ के दो-चार सुमन पंखुड़ियाँ भी खोलने लगे हैं। उनकी अमन्द सौरभ लोगों को खूब पसन्द आयी है। परन्तु यह हिन्दी के उद्यान में अभी प्रभात-काल ही की स्वर्णच्छटा फैली है। उसमें सोने के तारों का बुना कल्पना का जाल ही अभी है, जिसमें किशोर कवियों ने अनन्त-विस्तृत नील प्रकृति को प्रतिमा में बाँधने की चेष्टाएँ की हैं, उसे प्रभात के विविध वर्णों से चमकती हुई अनेक रूपों में सुन्दर देखकर। वे हिन्दी के इस काल के शुष्क साहित्य-हृदयों में उन मनोहर प्रतिमाओं को प्रतिष्ठित करने का विचार कर रहे हैं। इसीलिए, अभी जागरण के मनोहर चित्र, आह्लाद-परिचय आदि जीवन के प्राथमिक चिह्न ही देख पड़ते हैं, विहंगों का मधुर-कल-कूजन, स्वास्थ्यप्रद, स्पर्श-सुखकर शीतल वायु, दूर तक फैली हुई प्रकृति के हृदय की हरियाली, अनन्तवाहिनी नदियों का प्रणय-चंचल वक्ष-स्थल, लहरों पर कामनाओं की उज्ज्वल किरणें, चारों ओर बाल-प्रकृति की सुकुमार चपल दृष्टि। इसके सिवा अभी कर्म की अविराम धारा बहती हुई नहीं देख पड़ती। इस युग के कुछ प्रतिभाशाली अल्प-वयस्क साहित्यिक प्राचीन 'गुरुडम' के एकच्छत्र साम्राज्य में बगावत के लिए शासन-दण्ड ही पा रहे हैं, अभी उन्हें साहित्य के राजपथों पर साधिकार स्वतन्त्र रूप से चलने का सौभाग्य नहीं मिला; परन्तु ऐसा जान पड़ता है कि इस नवीन जीवन के भीतर से शीघ्र ही एक ऐसा आवर्त बँधकर उठनेवाला है, जिसके साथ साहित्य के अगणित जल-कण उस एक ही चक्र की प्रदक्षिणा करते हुए उसके साथ एक ही प्रवाह में बह जायेंगे, और लक्ष्य-भ्रष्ट या निदाघ से शुष्क न हो एक ही जीवन के उदार महासागर में विलीन होंगे। यह नवीन साहित्य के क्रिया-काल में सम्भव होगा। अभी तो प्रत्येक नवयुवक लेखक और कवि अपनी ही प्रतिभा के प्रदर्शन में लगा हुआ है। अभी उसमें

अधिकांश साहित्यिक अपने को समझ भी नहीं सके। जो कवि नहीं, वह भी अपने को कविता के क्षेत्र पर अप्रतिद्वन्दी समझता है। सब लोग अपनी ही कुशलता और अपनी ही रुचि-विशेषता को लेकर साहित्य के बाजार में खड़े हुए देख पड़ते हैं। कहीं-कहीं तो बड़ा ही विचित्र नज्जारा है। प्रशंसा और आलोचना में भी आदान-प्रदान जारी है। दलबन्दियों के भाव जिसमें न हों, ऐसे साहित्यिक कदाचित् ही नजर आते हैं। और प्रतिभाशाली साहित्यिकों को निष्प्रभ तथा हेय सिद्ध करके ससम्मान आसन ग्रहण करनेवाले महालेखक और महाकविगण साहित्य में अपनी प्राचीन गुलामी-प्रथा की ही पुष्टि करते जा रहे हैं।

ऐसी परिस्थिति में 'परिमल' निकल रहा है। इसमें मेरी प्राथमिक अधिकांश चुनी हुई रचनाएँ हैं। इसके मैंने तीन खण्ड किये हैं। प्रथम खण्ड में सममात्रिक सान्त्यानुप्रास कविताएँ हैं, जिनके लिए हिन्दी के लक्षण-ग्रन्थों के द्वारपालों को 'प्रवेश-निषेध' या 'भीतर जाने की सख्त मुमानियत है' कहने की जरूरत शायद न होगी। दूसरे खण्ड में विषममात्रिक सान्त्यानुप्रास कविताएँ हैं। इस ढंग के साथ मेरे 'समवाय: सखा मत:' या 'एकक्रियं भवेन्मित्रम्' सुकुमार कवि-मित्र पन्तजी के ढंग का साम्य है; यह भी उसी तरह ह्रस्व-दीर्घ-मात्रिक संगीत पर चलता है। पन्तजी के छन्दों में स्वर की बराबर लड़ियाँ या सममात्राएँ अधिक मिलती हैं, इसमें बहुत कम—प्राय: नहीं। ह्रस्व-दीर्घ-मात्रिक संगीत का मुक्त रूप ऐसा ही होगा, जहाँ स्वर के उत्थान तथा पतन पर ही ध्यान रहता है, और भावना प्रसारित होती चली जाती है। तीसरे खण्ड में स्वच्छन्द छन्द हैं, जिसके सम्बन्ध में मुझे विशेष रूप से कहने की जरूरत है। कारण, इसे ही हिन्दी में सर्वाधिक कलंक का भाग मिला है।

हिन्दी के हृदय में खड़ी बोली की कविता का हार प्रभात की उज्ज्वल किरणों से खूब ही चमक उठा है, इसमें कोई सन्देह नहीं, और यह भी निर्भ्रान्त है कि राष्ट्र-प्राप्ति की कल्पना के काम्यवन में सविचार विचरण करनेवाले हमारे राष्ट्रपतियों के उर्वर मस्तिष्क में कानूनी कोणों के अतिरिक्त भाषा के सम्बन्ध की अब तक कोई भावना, महात्माजी, महामना मालवीयजी तथा लोकमान्य जैसे दो-चार प्रख्यात-कीर्ति महापुरुषों को छोड़कर, उत्पन्न नहीं हुई; जो कुछ थोड़ा-सा प्रचार तथा आन्दोलन राष्ट्र-भाषा के विस्तार के लिए किया जा रहा है, उसका श्रेय हिन्दी के शुभचिन्तक साहित्यिकों को, हिन्दी के पत्र-पत्रिकाओं को ही प्राप्त है। बंगाल अभी तक अपनी ही भाषा के उत्कर्ष की ओर तमाम भारतवर्ष को खींच लेने के लिए उत्कण्ठित-सा देख पड़ता है। इसका प्रमाण महामना मालवीयजी के सभापतित्व में, कलकत्ता-विद्यासागर कॉलेज होस्टल में दिये हुए अँग्रेजी के विद्वान् प्रोफेसर जे० एल० बनर्जी महाशय के भाषण से मिल

चुका है। भरतपुर के हिन्दी-साहित्य-सम्मेलन में महाकवि रवीन्द्रनाथ ने भी अपने भाषण में राष्ट्र-भाषा के प्रचार पर विशेष कुछ नहीं कहा, जैसे महात्मा गाँधीजी द्वारा प्रचारित चर्खा-विषय की अनावश्यकता की तरह यह राष्ट्र-भाषा-वाद भी कोई अनावश्यक विषय हो। उन्होंने केवल यही कहा कि अपनी भाषा में वह चमत्कार दिखलाने की कोशिश कीजिए, जिससे लोग स्वयं उसकी ओर आकृष्ट हों।

यहाँ तमाम विरोधी उक्तियों के खण्डन-मण्डन की जगह नहीं। मैं केवल यही कहूँगा कि प्रत्येक समाज के लिए कुछ हृदय-धर्म है, और कुछ मस्तिष्क-धर्म। अभी हिन्दी को राष्ट्र-भाषा बनाने में मस्तिष्क-धर्म से ही काम लिया जाता है, जिस तरह साम्पत्तिक विचार से चर्खा और खद्दर के लिए। हिन्दी के प्राचीन साहित्य के साथ तुलना करने पर प्रान्तीय कोई भाषा नहीं टिकती, और उसका नवीन साहित्य भी क्रमशः पुष्ट होता जा रहा है, जिसे देखकर यह आशा दृढ़ हो जाती है कि शीघ्र ही हिन्दी के गर्भ से बड़े-बड़े मनस्वी साहित्यिकों का उद्भव होगा। इस समय भी साहित्य में हिन्दी अद्भुत प्रगति दिखला रही है। उधर जो लोग, खासकर बंगाल के लोग, अपनी ही भाषा की सार्वभौमिकता के प्रचार की कल्पना में लीन हैं, जिन्होंने पुस्तकें लिखकर बोलचाल की हिन्दी के तमाम विभाग करते हुए उसे आगरे के इर्द-गिर्द में बोली जानेवाली कुछ ही लोगों की भाषा ठहराया है, और इस तरह अन्यान्य भाषाओं के साथ अपनी बँगला का मुकाबिला करते हुए उसे ही अधिक संख्यक मनुष्यों की भाषा सिद्ध किया है, जिन्होंने अमेरिका में रहने का रोब दिखलाते हुए बँगला को ही राष्ट्र-भाषा का आसन दे डाला है, जो लोग छिपे तौर से बँगला के प्रचार के उपाय सोच रहे हैं, जिन लोगों को पश्चिमोत्तर भारतवर्ष के तमाम शहरों में बंगालियों की अच्छी स्थिति के कारण उन्हीं की भाषा के प्रसार की बात सूझती है, वे राष्ट्र-भाषा के अपर प्रश्नों की तरफ बिलकुल ही ध्यान नहीं देते, एक तृतीयांश मुसलमानों का विचार उनके मस्तिष्क में नहीं आता, वे नहीं जानते कि आर्य उच्चारण और बँगला के मंगोलियन उच्चारण में क्या भेद है—बँगला के उच्चारण-असादृश्य से पंजाब, सिन्ध, राजपूताना, उत्तर-प्रदेश, मध्यप्रदेश, बिहार, गुजरात और महाराष्ट्र की संस्कृति को कितना धक्का पहुँचता है, वे नहीं जानते। उस तलवार के जमाने में सिर कटाकर भी साहित्य में अपनी संस्कृति की रक्षा करनेवाले वे गत शताब्दियों के महापुरुष अपनी भाषा और लिपि के भीतर से असीम बल अपनी सन्तानों को दे गये हैं, वे नहीं जानते कि आजकल के जमींदारों, भैयों, मारवाड़ियों (मेड़ों) और गुजरातियों के निरक्षर शरीर के भीतर कितना बड़ा स्वाभिमान इस दैन्य के काल में भी जाग्रत् है, वे 'बहु-जन-हिताय, बहु-जन-सुखाय' का बिलकुल खयाल

नहीं करते। इधर भारतेन्दु बाबू हरिश्चन्द्रजी से लेकर आचार्य पण्डित महावीर प्रसाद द्विवेदी तक जिन लोगों को खड़ी बोली की प्राण-प्रतिष्ठा का श्रेय मिला है, भाषा के मार्जन में जिन लोगों ने अपने शरीर के तमाम रक्त-बिन्दु सुखा दिये हैं, हिन्दी में खिचड़ी-शैली के समावेश तथा प्रचार से शहरों के प्रचलित उर्दू-शब्दों तथा मुहाविरों को साहित्य में जगह देते हुए मुसलमान-शासन-काल के चिह्न भी रख दिये हैं, और इस तरह अपने मुसलमान भाइयों को भी राष्ट्र की सेवा के लिए आमन्त्रित किया है, साहित्य के साथ-साथ राष्ट्र-साहित्य की भी कविता का उन्हीं लोगों ने प्रथम शृंगार किया है। वे जानते थे, कलकत्ता, बम्बई, मदरास और रंगून आदि अपर-भाषा-भाषी प्रान्तों में हिन्दी ही राज्य-कार्य तथा व्यवसाय आदि में लायी जा सकती है, शासक अँगरेजों के मस्तिष्क में भी यही खयाल जड़ पकड़े हुए है, और वे भारत के लिए हिन्दी को ही सार्वभौमिक भाषा मानते और कार्य-सञ्चालनार्थ उसी की शुद्धाशुद्ध शिक्षा ग्रहण करते हैं। मैं यहाँ अवश्य बँगला का विरोध नहीं कर रहा, उसके आधुनिक अमर साहित्य का मुझ पर काफी प्रभाव है, मैं यहाँ केवल औचित्य की रक्षा कर रहा हूँ। जिस भाषा के आकार का उच्चारण बिलकुल अनार्य है, जिसमें ह्रस्व-दीर्घ का निर्वाह होता ही नहीं, जिसमें युक्ताक्षरों का एक भिन्न उच्चारण होता है, जिसके 'स'कारों और 'न'कारों के भेद सूझते ही नहीं, वह भाषा चाहे जितनी मधुर हो, साहित्यिकों पर उसका जितना भी प्रभाव हो, वह कभी भारत की सर्व-मान्य राष्ट्र-भाषा नहीं हो सकती। और, जब तक लोग इस वाद-विवाद में पड़े हैं, नेतागण अँगरेजी के प्रवाह में आत्मविस्मृत हुए बह रहे हैं, तब तक खड़ी बोली अपने साहित्य के उत्कर्ष में श्रेष्ठ आसन ग्रहण कर लेगी, इसमें मुझे बिलकुल ही सन्देह नहीं। मैं यह भी जानता हूँ कि जो राष्ट्र-भाषा होगी उसे अपने साहित्यिक पौरुष से ही वह पद प्राप्त करना होगा, और उसके सेवक इस विचार से बिलकुल निश्चेष्ट और परमुखापेक्षी भी नहीं रह गये। कारण, आलोक और प्रतिभा सबके लिए समान रूप से मुक्त है।

मनुष्यों की मुक्ति की तरह कविता की भी मुक्ति होती है। मनुष्यों की मुक्ति कर्मों के बन्धन से छुटकारा पाना है, और कविता की मुक्ति छन्दों के शासन से अलग हो जाना। जिस तरह मुक्त मनुष्य कभी किसी तरह भी दूसरे के प्रतिकूल आचरण नहीं करता, उसके तमाम कार्य औरों को प्रसन्न करने के लिए होते हैं—फिर भी स्वतन्त्र, इसी तरह कविता का भी हाल है। मुक्त काव्य कभी साहित्य के लिए अनर्थकारी नहीं होता, प्रत्युत उससे साहित्य में एक प्रकार की स्वाधीन चेतना फैलती है, जो साहित्य के कल्याण की ही मूल होती है। जैसे बाग की बँधी और वन की खुली हुई प्रकृति—दोनों ही सुन्दर हैं, पर दोनों के आनन्द तथा दृश्य दूसरे-दूसरे हैं। जैसे आलाप और ताल की रागिनी। इसमें कौन

अधिक आनन्दप्रद है, यह बतलाना कठिन है, पर इसमें सन्देह नहीं कि आलाप वन्य प्रकृति तथा मुक्त काव्य स्वभाव के अधिक अनुकूल है। मेरे मुक्त-काव्य के समर्थन में पण्डित जयदेव विद्यालंकारजी ने देहरादून-कवि-सम्मेलन में जो प्रहसन खेला था, उसमें गायत्री-मन्त्र का उदाहरण विरोधी जगन्नाथप्रसादजी चतुर्वेदी के सामने पेश किया था। लाखों ब्राह्मण गायत्री-मन्त्र का जप करते हैं। उसके जप के साथ-साथ भाषा की मुक्ति का प्रवाह प्रतिदिन उनके जिह्वाग्र से होकर बहता है, पर वे उसका अर्थ, उसकी सार्थकता, सब-कुछ भूल गये हैं। चूँकि उस छन्द का एक नाम 'गायत्री' रख दिया गया है, इसलिए प्रायः अज्ञजन उसमें स्त्री-मूर्ति ही की कल्पना कर बैठे हैं। 'तत्सवितु-र्वरेण्यम्' में खुलासा ब्रह्म की स्तुति है कि वह सूर्य का भी वरेण्य है। 'तत्' न स्त्री है, न पुरुष। जिस तरह ब्रह्म मुक्त-स्वभाव है, वैसे ही यह छन्द भी। पर आज इस तरफ कोई दृक्पात भी नहीं करना चाहता। इतनी बड़ी दासता—रूढ़ियों की पाबन्दी इस मन्त्र के जपनेवालों पर भी सवार है। वेदों में काव्य की मुक्ति के ऐसे हजारों उदाहरण हैं, बल्कि ९५ फीसदी मन्त्र इसी प्रकार मुक्त-हृदय के परिचायक हो रहे हैं। इन मन्त्रों को ईश्वर-कृत समझकर अनुयायीगण विचार करने के लिए भी तैयार नहीं, न पराधीन काल की अपनी बेड़ियाँ किसी तरह छोड़ेंगे, जैसे उन बेड़ियों के साथ उनके जीवन और मृत्यु का सम्बन्ध हो गया हो। 'ईश्वरः सर्वभूतानां हृद्देशोऽर्जुन तिष्ठति'। यहाँ उस मुक्त-स्वभाव ईश्वर को सर्वभूतों के हृदय में ही ठहरा दिया गया है, और हृदय तक मन को उठा सकनेवाले जो कुछ भी करते हैं, मुक्त-स्वभाव से करते हैं, इसलिए वह कृति जैसे ईश्वर की कृति ही हो जाती है। बात यह है वेदों की अपौरुषेयता की। वे मनुष्यकृत ही हैं, पर वे मनुष्य उल्लिखित प्रकार के थे। आजकल की तरह के रूढ़ियों के गुलाम या अँगरेजी पुस्तकों के नक्काल नहीं। ईश्वर के सम्बन्ध की ये बातें जो समझते हैं, उनमें एक अद्भुत शक्ति का प्रकाश होता है। वे स्वयं भी अपनी महत्ता को समझते और खुलकर कहते भी हैं। उनकी वाणी में महाकर्षण रहता है। संसार उस वाणी से मन्त्र-मुग्ध हो जाता है। उस पर उस स्वर्गीय शक्ति की धाक जम जाती है। वह उस प्रभाव को मान लेता है। वैदिक काल के मुक्त-स्वभाव कवियों का एक और उदाहरण लीजिए—

सपर्यगाच्छक्रमकायव्रत-
मस्नाविरथं शुद्धमपापविद्धम्;
कविर्मनीषी परिभूः स्वयम्भू-
र्याथातथ्यतोऽर्थान् व्यदधाच्छाश्वतीभ्य समाभ्यः।

(यजु० अ० ४०, मं० ८)

जरा चौथी पंक्ति को देखिए, कहाँ तक फैलती चली गयी है। फिर भी किसी ने आज तक आपत्ति नहीं की। शायद इसके लिए सोच लिया है कि साक्षात् परमात्मा आकर लिख गये हैं। अजी, परमात्मा स्वयं अगर यह रबड़-छन्द और केचुआ-छन्द लिख सकते हैं, तो मैंने कौन-सा कसूर कर डाला? आखिर आपके परमात्मा का ही तो अनुसरण किया है। आप लोग कृपा करके मुझे क्यों नहीं क्षमा कर देते? एक बात ध्यान देने की और है। संस्कृत-काल के गणात्मक छन्दों की भी परवा वैदिक काल में नहीं की गयी। इस छन्द की जो तीन पहली लड़ियाँ बराबर मालूम पड़ती हैं, उनमें भी स्वच्छन्दता पायी जाती है। देखिए, पहला वर्ण ह्रस्व है और दूसरा दीर्घ। अब गणों का साम्य नहीं रहा।

तीन-तीन और पाँच-पाँच सतरों की कविता इसी समय नहीं, पहले भी हुआ करती थी—

ऋग्वेद—

आ शुभ्रा यातमश्विना स्वश्वा
गिरो दस्रा जुजुषाणा युवाकोः
हव्यानि च प्रतिभृता वीतं नः।

वैदिक साहित्य-काव्य में इस प्रकार की स्वच्छन्द सृष्टि को देखकर हम तत्कालीन मनुष्य-स्वभाव की मुक्ति का अन्दाजा लगा लेते हैं। परवर्ती काल में ज्यों-ज्यों चित्रप्रियता बढ़ती गयी, साहित्य में स्वच्छन्दता की जगह नियन्त्रण तथा अनुशासन प्रबल होता गया, यह जाति त्यों-त्यों कमजोर होती गयी है। सहस्रों प्रकार के साहित्यिक बन्धनों से जाति स्वयं भी बँध गयी, जैसे मकड़ी आप ही अपने जाल में बँध गयी हो, जैसे फिर निकलने का एक ही उपाय रह गया हो कि उस जाल की उल्टी परिक्रमा कर वह उससे बाहर निकले। उस ऊर्णनाभ ने जितनी जटिलता दूसरे जीवों को फाँसने के लिए उस जाल में की थी, वह उतने ही दृढ़ रूप से बँधा हुआ है, अब उसे अपनी मुक्ति के लिए उन तमाम बन्धनों को पार करना होगा। यही हाल वर्तमान समय में हमारे काव्य-साहित्य का है। इस समय के और पराधीन काल के काव्यनुशासनों को देखकर हम जाति की मानसिक स्थिति को भी देख ले सकते हैं! अनुशासन के समुदाय चारों तरफ से उसे जकड़े हुए हैं। साहित्य के साथ-साथ राज्य, समाज, धर्म,

व्यवसाय, सभी कुछ पराधीन हो गये हैं। चित्र स्वयं ससीम हैं, इसलिए उन्हें प्यार करनेवाली वृत्ति भी एक सीमा के अन्दर चक्कर लगाया करती है, और इस तरह उस वृत्ति को धारण करनेवाला मनुष्य भी चाहे पहले का स्वतन्त्र हो, पर पीछे से सीमा में बँधकर पराधीन हो जाता है। नियम और अनुशासन भी सीमा के ही परिचायक होते हैं, और क्रमश: मनुष्य-जाति को क्षुद्र से क्षुद्रतर तथा गुलाम से गुलाम कर देनेवाले।

साहित्य की मुक्ति उसके काव्य में देख पड़ती है। इस तरह जाति के मुक्ति-प्रयास का पता चलता है। धीरे-धीरे चित्रप्रियता छूटने लगती है। मन एक खुली हुई प्रशस्त भूमि में विहार करना चाहता है। चित्रों की सृष्टि तो होती है, पर वहाँ उन तमाम चित्रों को अनादि और अनन्त सौन्दर्य में मिलाने की चेष्टा रहती है। बर्फ में जैसे तमाम वर्णों की छटा, सौन्दर्य आदि दिखाकर उसे फिर किसी ने वाष्प में विलीन कर दिया हो या असीम सागर से मिला दिया हो। साहित्य में इस समय यही प्रयत्न जोर पकड़ता जा रहा है, और यही मुक्ति-प्रयास के चिह्न भी हैं। अब लीलाम्बरी ज्योतिर्मूति की सृष्टि कर चतुर साहित्यिक फिर उसे अनन्त नील-मण्डल में लीन कर देते हैं। पल्लवों के हिलने में किसी अज्ञात चिरन्तन अनादि सर्वज्ञ को हाथ के इशारे अपने पास बुलाने का इंगित प्रत्यक्ष करते हैं। इस तरह चित्रों की सृष्टि असीम सौन्दर्य में पर्यवसित की जाती है, और यही जाति के मस्तिष्क में विराट् दृश्यों के समावेश के साथ-ही-साथ स्वतन्त्रता की प्यास को भी प्रखरतर करते जा रहे हैं।

यही बात छन्दों के सम्बन्ध में भी है। छन्द भी जिस तरह कानून के अन्दर सीमा के सुख में आत्मविस्मृत हो सुन्दर नृत्य करते, उच्चारण की श्रृंखला रखते हुए श्रवण-माधुर्य के साथ-ही-साथ श्रोताओं को सीमा के आनन्द में भुला रखते हैं, उसी तरह मुक्त छन्द भी अपनी विषम गति में एक ही साम्य का अपार सौन्दर्य देता है, जैसे एक ही अनन्त महासमुद्र के हृदय की सब छोटी-बड़ी तरंगें हों, दूर प्रसारित दृष्टि में एकाकार, एक ही गति में उठती और गिरती हुई।

'कविता-कौमुदी' में पण्डित रामनरेशजी त्रिपाठी ने जैसा लिखा है, भिन्न-तुकान्त (Blank verse) का श्रीगणेश पहले-पहल हिन्दी में प्रसिद्ध कवि बाबू जयशंकर 'प्रसाद'जी ने किया है। उनका यह छन्द इक्कीस मात्राओं का है। पण्डित रूपनरायणजी पाण्डेय ने इस छन्द का उपयोग (शायद अपने अनुवाद में) बहुत काफी किया है। पाण्डेयजी से इस छन्द के सम्बन्ध में पूछने पर, उन्होंने जो उत्तर दिया, उससे इस विषय का फैसला न हुआ कि छन्द के प्रथम लिखनेवाले 'प्रसाद'जी हैं या वह। उदाहरण पाण्डेयजी द्वारा अनुवादित रवीन्द्रनाथ की 'राजारानी' से दे रहा हूँ—

'कहना होगा सत्य तुम्हारा ! किन्तु मैं
करता हूँ विश्वास तुम्हारी बात का
जब तक, तब तक तुम चिन्ता कुछ मत करो।
तुम पर से विश्वास उठेगा जिस घड़ी,
सत्यासत्य विचार करूँगा मैं तभी।'

यह भिन्नतुकान्त छन्द मात्रिक है। एक भिन्नतुकान्त हिन्दी में दूसरे प्रकार का बाबू मैथलीशरणजी गुप्त द्वारा आया है—वह वर्णात्मक है—उसका भी उपयोग अनुवाद ही के रूप में गुप्तजी ने किया है। उदाहरण उनके 'वीरांगना-काव्य' के अनुवाद से देता हूँ—

'सुनो अब दुःख-कथा—मन्दिर में मन के
रख वह श्याम मूर्ति त्यागिनी-तपस्विनी
पूजे इष्टदेव को ज्यों निर्जन गहन में—
पूजती थी नाथ को मैं; अब विधि-दोष से
चेदीश्वर राजा शिशुपाल जो कहाता है,
लोक-रव सुनती हूँ, हाय ! वर-वेश से
आ रहा है शीघ्र यहाँ वरने अभागी को !'

एक तीसरे प्रकार का अतुकान्त काव्य (Blank verse) हिन्दी में और है। इसके रचयिता हैं हिन्दी के प्रसिद्ध महाकवि अयोध्यासिंहजी उपाध्याय। बहुतों ने इनके लिखे हुए 'प्रिय-प्रवास' के अतुकान्त छन्दों को ही हिन्दी की प्रथम अतुकान्त सृष्टि माना है। उपाध्यायजी ने इसकी भूमिका में गण-वृत्तों को हिन्दी में अतुकान्त काव्य के योग्य माना है, और यह इसलिए कि संस्कृत की कविता अतुकान्त है, और वह गण-वृत्तों में है। यथा—

'अधिक और हुई नभ-लालिमा,
दश दिशा अनुरञ्जित हो गयीं;
सकल पादप - पुञ्ज - हरीतिमा
अरुणिमा-विनिमज्जित-सी हुई।'

एक प्रकार का अतुकान्त १६ मात्राओं का और लिखा गया है। जहाँ तक पता चलता है, अभी सुकवि बाबू सियारामशरण गुप्त इसके प्रथम आविष्कारक ठहरते हैं। हिन्दी के कोमल कवि पन्तजी ने भी इतनी ही मात्राओं के अतुकान्त छन्द में 'ग्रन्थि' नाम की अपनी मनोहर कविता कई संख्याओं में 'सरस्वती' में छपवायी है। सियारामशरणजी ने 'प्रभा' में इस प्रकार की अतुकान्त कविता

पहले-पहल लिखी थी, यह मुझे उन्हीं के कथनानुसार मालूम हुआ है। अब तक मैं समझता था, इस १६ मात्राओं के अतुकान्त काव्य के पन्तजी ही प्रथम आविष्कारक हैं। यह इस प्रकार है—

विरह अहह! कराहते इस शब्द को
निठुर विधि ने आँसुओं से है लिखा।

—सुमित्रानन्दन पन्त

एक प्रकार की अतुकान्त कविता का रूप पण्डित गिरिधरजी शर्मा 'नवरत्न' ने हिन्दी में खड़ा किया है। इसकी गति कवित्त-छन्द की-सी है। हरएक छन्द आठ-आठ वर्णों का होता है। अन्त्यानुप्रास नहीं रहता। मैंने रवीन्द्रनाथ की एक कविता के अनुवाद में इनके अतुकान्त काव्य का रूप देखा था। 'मेरे पंख मुरदार', इस तरह हर पंक्ति में आठ-आठ अक्षर रहते हैं। अमित्र कविता इस प्रकार हिन्दी के गण, मात्रा और वर्ण, तीनों वृत्तों में हुई है। यहाँ किसकी कविता सफल है और किसकी निष्फल, इसका विचार नहीं किया गया। इसका फैसला भविष्य के लोग करेंगे। मुझे केवल यही कहना है कि हिन्दी में अतुकान्त कविता के कवियों में किसी ने भी दूसरे का अनुसरण नहीं किया। जहाँ कहीं मात्राओं में मेल हो गया है, वहाँ मुमकिन है, एक को अपने दूसरे कवि की रचना परखने का मौका न मिला हो, और दोनों की मौलिकता एक-दूसरे से लड़ गयी हो। ऐसा न होता, तो वे कोई दूसरा छन्द जरूर चुनते, जबकि अन्त्यानुप्रास उड़ा देने से ही अतुकान्त काव्य बन जाता है। इस प्रकार की अतुकान्त कविता में प्रथम श्रेय आल्हखण्ड के लिखनेवाले को हिन्दी में प्राप्त है।

इस तरह की कविता अतुकान्त काव्य का गौरव-पद भले ही अधिकृत करती हो, वह मुक्त-काव्य या स्वच्छन्द कदापि नहीं। जहाँ मुक्ति रहती है, वहाँ बन्धन नहीं रहते—न मनुष्यों में, न कविता में। मुक्ति का अर्थ ही है बन्धनों से छुटकारा पाना। यदि किसी प्रकार का शृङ्खलाबद्ध नियम कविता में मिलता गया, तो वह कविता उस शृङ्खला से जकड़ी हुई ही होती है, अतएव उसे हम मुक्ति के लक्षणों में नहीं ला सकते, न उस काव्य को मुक्त-काव्य कह सकते हैं। ऊपर जितने प्रकार के अतुकान्त काव्य के उदाहरण दिये गये हैं, सब एक-एक सीमा में बँधे हुए हैं, एक-एक प्रधान नियम सबमें पाया जाता है। गण-वृत्तों में गणों की शृङ्खला, मात्रिक वृत्तों में मात्राओं का साम्य, वर्ण-वृत्तों में अक्षरों की समानता मिलती है। कहीं भी इस नियम का उल्लंघन नहीं किया गया। इस प्रकार के दृढ़ नियमों से बँधी हुई कविता कदापि मुक्त छन्द नहीं हो सकती। मुक्त छन्द तो वह है, जो छन्द की भूमि में रहकर भी मुक्त है। इस पुस्तक के तीसरे खण्ड में जितनी कविताएँ हैं, सब इसी प्रकार की हैं। उनमें नियम कोई नहीं। केवल

प्रवाह कवित्त-छन्द का-सा जान पड़ता है। कहीं-कहीं अक्षर आप-ही-आप आ जाते हैं। मुक्त छन्द का समर्थक उसका प्रवाह ही है। वही उसे छन्द सिद्ध करता है, और उसका नियम-राहित्य उसकी मुक्ति।

"विजन-वन-वल्लरी पर
सोती थी सुहाग-भरी
स्नेह-स्वप्न-मग्न अमल-कोमल-तनु तरुणी
जुही की कली
दृग बन्द किये --शिथिल---पत्राङ्क में।"

यहाँ 'सोती थी सुहाग-भरी' आठ अक्षरों का एक छन्द आप-ही-आप बन गया है। तमाम लड़ियों की गति कवित्त-छन्द की तरह है।

हिन्दी में मुक्त-काव्य कवित्त छन्द की बुनियाद पर सफल हो सकता है। कारण, यह छन्द चिरकाल से इस जाति के कण्ठ का हार हो रहा है। दूसरे, इस छन्द में एक विशेष गुण यह भी है कि इसे लोग चौताल आदि बड़ी तालों में तथा ठुमरी की तीन तालों में भी सफलतापूर्वक गा सकते हैं, और नाटक आदि के समय इसे काफी प्रवाह के साथ पढ़ भी सकते हैं। आज भी हम रामलीलाओं में, लक्ष्मण-परशुराम-सम्वाद के समय, वार्तालाप में इस छन्द का चमत्कार प्रत्यक्ष कर लेते हैं। यदि हिन्दी का कोई जातीय छन्द चुना जाय, तो वह यही होगा। आजकल के मार्जित कानों को कवित्त-छन्द का नाटक में प्रयोग जरा खटकता है, और वह इसीलिए कि बार-बार अन्त्यानुप्रास का आना वार्तालाप की स्वाभाविकता को बिगाड़ देता है। बाबू मैथिलीशरणजी को इस विचार से विशेष सफलता मिली है। कारण, कवित्त-छन्द की गति पर उनके अमित्र छन्द में अन्त्यानुप्रास मिटा दिया गया है। नाटकों में सबसे अधिक रोचकता इसी कवित्त-छन्द की बुनियाद पर लिखे गये स्वच्छन्द छन्द द्वारा आ सकती है। इस अपने छन्द को मैं अनेक साहित्यिक गोष्ठियों में पढ़ चुका हूँ, और हिन्दी के प्रसिद्ध अधिकांश सज्जन सुन चुके हैं। एक बार कलकत्ता-पब्लिक-स्टेज पर भी इस छन्द में नाटक लिखकर खेल चुका हूँ। लोगों से मुझे अब तक उत्साह ही मिलता रहा है, पर दूसरों की पठन-अक्षमता के आक्षेप भी अक्सर सुनता रहा हूँ। मेरा विचार है कि अभ्यास के कारण उन्हें पढ़ने में असुविधा होती है। छन्द की गति का कोई दोष नहीं। आजकल हिन्दी के दो-चार और लेखकों तथा कवियों ने इस छन्द में रचना-प्रयास किया है, और उन्हें सफलता भी मिली है। इससे मेरा विश्वास इस पर और भी दृढ़ हो गया है। इस छन्द में art of reading का आनन्द मिलता है, और इसीलिए इसकी उपयोगिता रङ्गमञ्च पर सिद्ध होती है। कहीं-कहीं मिल्टन और शेक्सपियर ने सर्वत्र अपने अतुकान्त काव्य का उपयोग नाटकों

में ही किया है। बँगला में माइकेल मधुसूदन दत्त द्वारा अतुकान्त कविता की सृष्टि हो जाने पर नाट्याचार्य गिरीशचन्द्र ने अपने स्वच्छन्द छन्द का नाटकों में ही प्रयोग किया है। स्वच्छन्द छन्द नाटक-पात्रों की भाषा के लिए ही हैं, यों उसमें चाहे जो कुछ लिखा जाय। अब इसके समर्थन में अधिक कुछ नहीं लिखना। कारण, समर्थन की अपेक्षा अधिकाधिक रचना इसके प्रचार तथा प्रसार का योग्य उपाय है।

मेरी तमाम रचनाओं में दो-चार जगह दूसरों के भाव, मुमकिन है, आ गये हों; पर अधिकांश कल्पना—९५ फीसदी—मेरी अपनी है। आवश्यक होने पर इस सम्बन्ध में अन्यत्र लिखूंगा। कविता की पुस्तक में कैफियत से भरी हुई बृहत् भूमिका मेरे विचार से हास्यास्पद है। मैं अपने स्नेहशील मित्रों को कृतज्ञ हृदय से धन्यवाद देता हूँ, जो मुझे हर तरह से आज तक प्रोत्साहन देते रहे हैं।

—'निराला'

प्रार्थना

जग को ज्योतिर्मय कर दो !
प्रिय कोमल-पद-गामिनि ! मन्द उतर—
जीवन्मृत तरु-तृण-गुल्मों की पृथ्वी पर,
हँस-हँस, निज पथ आलोकित कर
नूतन जीवन भर दो !—
जग को ज्योतिर्मय कर दो !

अनुक्रम

खण्ड : तीन

खण्ड : एक

मौन

बैठ लें कुछ देर,
आओ, एक पथ के पथिक-से
प्रिय, अन्त और अनन्त के,
तम-गहन-जीवन घेर।
मौन मधु हो जाय
भाषा मूकता की आड़ में,
मन सरलता की बाढ़ में,
जल-बिन्दु-सा बह जाय।
सरल, अति स्वच्छन्द
जीवन, प्रात के लघु-पात से
उत्थान-पतनाघात से
रह जाय चुप, निर्द्वन्द्व।

खेवा

डोलती नाव, प्रखर है धार,
सँभालो जीवन-खेवनहार !
तिर-तिर फिर-फिर
प्रबल तरङ्गों में
डोले पग जल पर
डगमग-डगमग
फिरती है,
टूट गयी पतवार—
जीवन-खेवनहार !
भय में हूँ तन्मय
थरथर कम्पन
तन्मयता,
छन-छन में
बढ़ती ही जाती है
अतिशयता,
पारावार अपार,
जीवन-खेवनहार !

निवेदन

एक दिन थम जायगा रोदन
तुम्हारे प्रेम-अञ्चल में,
लिपट स्मृति बन जायँगे कुछ कन-
कनक सींचे नयन-जल में।

जब कहीं झड़ जायँगे वे,
कह न पायेगी
वह हमारी मौन भाषा,
क्या सुनायेगी ?
दाग़ जब मिट जायगा,
स्वप्न ही तो राग वह कहलायगा ?
फिर मिटेगा स्वप्न भी निर्धन
गगन-तम-सा प्रभा-पल में,
तुम्हारे प्रेम-अञ्चल में।

कौन जाने फिर सहारा
तुम किसे दोगे ?
हम अगर बहते मिले,
क्या कहोगे भी कि हाँ, पहचानते ?
या अपरिचित खोल प्रिय चितवन
मगन बह जाओगे पल में
परम-प्रिय-सँग अतल जल में ?

प्रार्थना

जीवन प्रात-समीरण-सा लघु
विचरण-निरत करो।
तरु-तोरण-तृण-तृण की कविता
छवि-मधु-सुरभि भरो।
अञ्चल-सा न करो चञ्चल,
क्षण-भंगुर,
नत नयनों में स्थिर दो बल,
अविचल उर;
स्वर-सा कर दो अविनश्वर,
ईश्वर-मज्जित
शुचि चन्दन - वन्दन - सुन्दर,
मन्दर-सज्जित
मेरे गगन-मगन मन में अयि
किरणमयी, विचरो—
तरु-तोरण-तृण-तृण की कविता
छवि-मधु-सुरभि भरो।

खोज और उपहार

चकित चितवन कर अन्तर पार
खोजती अन्तर - तम का द्वार
बालिका - सी व्याकुल सुकुमार
लिपट जाती जब कर अभिमान—

अश्रु - सिञ्चित दृग दोनों मींच,
कमल-कर कोमल-कर से खींच,
मृदुल पुलकित उर से उर सींच,
देखती किसकी छवि अनजान ?

ग्रीष्म का ले मृदु रवि-कर-तार,
गूंथ वर्षा - जल - मुक्ता - हार,
शरत की शशि - माधुरी अपार
उसी में भर देती वर ध्यान;

सिक्त हिम-कण से छन - छन बात,
शीत में कर रक्खा अज्ञात,
वासन्ती सुमन - सुरभि भर प्रात
बढ़ाया था किसका सम्मान ?

तुम्हें कवि पहनायी माला,
देखती तुमको वह बाला ।

प्रभाती

प्रिय, मुद्रित दृग खोलो!
गत स्वप्न-निशा का तिमिर-जाल
नव किरणों से धो लो—
मुद्रित दृग खोलो!

जीवन - प्रसून वह वृन्त - हीन
खुल गया उषा - नभ में नवीन,
धाराएँ ज्योति - सुरभि उर भर
बह चलीं चतुर्दिक कर्म - लीन,

तुम भी निज तरुण-तरङ्ग खोल
नव - अरुण - सङ्ग हो लो—
मुद्रित दृग खोलो!

वासना - प्रेयसी बार - बार
श्रुति-मधुर मन्द स्वर से पुकार
कहती, प्रतिदिन के उपवन के

जीवन में, प्रिय, आयी बहार
बहती इस विमल वायु में
बह चलने का बल तोलो—
मुद्रित दृग खोलो!

शेष

सुमन भर न लिये,
सखि, वसन्त गया।
हर्ष - हरण - हृदय
नहीं निर्दय क्या ?

विवश नयनोन्मादवश हँसकर तकी,
देखती - ही - देखती री मैं थकी,
अलस पग, मग में ठगी-सी, रह गयी,
मुकुल-व्याकुल श्रीसुरभि बह कह गयी—

"सुमन भर न लिये,
सखि, वसन्त गया।
हर्ष - हरण - हृदय
नहीं निर्दय क्या ?"

याद थी आयी,
एक दिन जब शान्त
वायु थी, आकाश
हो रहा था क्लान्त

ढल रहे थे मलिन - मुख रवि, दुख - किरण
पद्म - मन पर थी, रहा अवसन्न बन,

देखती यह छवि खड़ी मैं, साथ वे
कह रहे थे हाथ में यह हाथ ले,

"एक दिन होगा
जब न मैं हूँगा,
हर्ष - हरण - हृदय
नहीं निर्दय क्या ?"

पतनोन्मुख

हमारा डूब रहा दिनमान !

मास-मास दिन-दिन प्रतिपल
उगल रहे हो गरल-अनल,
जलता यह जीवन असफल;
हिम-हत-पातों-सा असमय ही
झुलसा हुआ शुष्क निश्चल !

विकल डालियों से
झरने ही पर है पल्लव-प्राण—
हमारा डूब रहा दिनमान !

गीत

दूत, अलि, ऋतुपति के आये।
फूट हरित पत्रों के उर से
स्वर - सप्तक छाये।
दूत, अलि, ऋतुपति के आये।

काँप उठी विटपी, यौवन के
प्रथम कम्प मिस, मन्द पवन से,
सहसा निकल लाज - चितवन के
भाव - सुमन छाये।

बही हृदय-हर प्रणय-समीरण,
छोड़ छोर नभ-ओर उड़ा मन,
रूप - राशि जागी जगती - तन,
खुले नयन, भाये।

देख लोल लहरों की छल - छल,
सखियाँ मिल कहतीं कुछ कल-कल,
वही साँस में परिमल शीतल
तन-मन लहराये—

दूत, अलि, ऋतुपति के आये।

यमुना के प्रति

स्वप्नों-सी उन किन आँखों की
पल्लव-छाया में अम्लान,
यौवन की माया-सा आया
मोहन का सम्मोहन ध्यान ?

गन्धलुब्ध किन अलिबालों के
मुग्ध हृदय का मृदु गुञ्जार,
तेरे दृग - कुसुमों की सुषमा
जाँच रहा है बारम्बार ?

यमुने, तेरी इन लहरों में
किन अधरों की आकुल तान,
पथिक-प्रिया-सी जगा रही है
उस अतीत के नीरव गान ?

बता, कहाँ अब वह वंशीवट ?
कहाँ गये नटनागर श्याम ?
चल-चरणों का व्याकुल पनघट
कहाँ आज वह वृन्दाधाम ?

कभी यहाँ देखे थे जिनके
श्याम - विरह से तप्त शरीर,

किस विनोद की तृषित गोद में
आज पोंछतीं वे दृग-नीर ?

रञ्जित सहज सरल चितवन में
उत्कण्ठित सखियों का प्यार,
क्या आँसू-सा ढुलक गया वह
विरह-विधुर उर का उद्गार ?

तू किस विस्मृत की वीणा से
उठ-उठकर कातर झङ्कार,
उत्सुकता से उकता-उकता
खोल रही स्मृति के दृढ़ द्वार ?

अलस प्रेयसी-सी स्वप्नों में
प्रिय की शिथिल सेज के पास,
लघु लहरों के मधुर स्वरों में
किस अतीत का गूढ़ विलास ?

उर-उर में नूपुर की ध्वनि-सी
मादकता की तरल तरङ्ग,
विचर रही है मौन पवन में
यमुने, किस अतीत के संग ?

किस अतीत का दुर्जन जीवन
अपनी अलकों में सुकुमार
कनक-पुष्प-सा गूंथ लिया है—
किसका है यह रूप अपार ?

निर्निमेष नैनों में छाया
किस विस्मृति-मदिरा का राग,

जो अब तक पुलकित पलकों से
छलक रहा यह विपुल सुहाग ?

मुक्त हृदय के सिंहासन पर
किस अतीत के ये सम्राट,
दीप रहे जिनके मस्तक पर
रवि - शशि-तारे-विश्व-विराट ?

निखिल विश्व की जिज्ञासा-सी
आशा की तू झलक, अमन्द
अन्तःपुर की निज शय्या पर
रच-रच मृदु छन्दों के बन्द ?

किस अतीत के स्नेह - सुहृद को
अर्पण करती तू निज ध्यान—
ताल-ताल के कम्पन से द्रुत
बहते हैं ये किसके गान ?

विहंगों की निद्रा से नीरव
कानन के संगीत अपार,
किस अतीत के स्वप्न - लोक में
करते हैं मृदु - पद - संचार ?

मुग्धा के लज्जित पलकों पर
तू यौवन की छवि अज्ञात,
आँख - मिचौनी खेल रही है
किस अतीत शिशुता के साथ ?

किस अतीत सागर - संगम को
बहते खोल हृदय के द्वार,

वो हित के हित सरल अनिल-से
नयन-सलिल के स्रोत अपार ?

उस सलज्ज ज्योत्स्ना-सुहाग की
फेनिल शय्या पर सुकुमार,
उत्सुक, किस अभिसार निशा में
गयी कौन स्वप्निल पर मार ?

उठ-उठकर अतीत-विस्मृति से
किसकी स्मिति यह, किसका प्यार,
तेरे श्याम कपोलों में खुल
कर जाती है चकित विहार ?

जीवन की इस सरस सुरा में
कह, यह किसका मादक राग,
फूट पड़ा तेरी ममता में
जिसकी समता का अनुराग ?

किन नियमों के निर्मम बन्धन
जग की संसृति का परिहास
कर बन जाते करुणा - क्रन्दन
कह, वे किसके निर्दय पाश ?

कलियों की मुद्रित पलकों में
सिसक रही जो गन्ध अधीर,
जिसकी आतुर दुख-गाथा पर
ढुलकाते पल्लव - दृग नीर,

बता, करुण-कर-किरण बढ़ाकर
स्वप्नों का सचित्र संसार,

आँसू पोंछ दिखाया किसने
जगती का रहस्यमय द्वार ?

जागृति के नव इस जीवन में
किस छाया का माया-मन्त्र ?
गूंज - गूंज मृदु खींच रहा है
अति, दुर्बल जन का मन-यन्त्र ?

अलि-अलकों के तरल तिमिर में
किसकी लोल लहर अज्ञात,
जिसके गूढ़ मर्म में निश्चित
शशि-सा मुख, ज्योत्स्ना-सी गात ?

कह, सोया किस खञ्जन-वन में
उन नयनों का अञ्जन - राग ?
बिखर गये अब किन पातों में
वे कदम्ब - मुख - स्वर्ण - पराग ?

चमक रहे अब किन तारों में
उन हीरों के मुक्ता - हीर ?
बजते हैं उन किन चरणों में
अब अधीर नूपुर - मञ्जीर ?

किस समीर से काँप रही वह
वंशी की स्वर-सरित-हिलोर ?
किस वितान से तनी प्राण तक
छू जाती वह करुण मरोर ?

खींच रही किस आशा-पथ पर
यौवन की वह प्रथम पुकार ?

सींच रही लालसा - लता निज
किस कङ्कण की मृदु झङ्कार ?

उमड़ चला है कह किस तट पर
क्षुब्ध प्रेम का पारावार ?
किसकी विकच वीचि-चितवन पर
अब होता निर्भय अभिसार ?

भटक रहे हैं किसके मृग-दृग ?
बैठी पथ पर कौन निराश ?
मारी मरु - मरीचिका की - सी
ताक रही उदास आकाश।

हिला रहा अब कुञ्जों के किन
द्रुम - पुञ्जों का हृदय कठोर,
विगलित विफल वासनाओं से
क्रन्दन-मलिन पुलिन का रोर ?

किस प्रसाद के लिए बढ़ा अब
उन नयनों का विरस विषाद ?
किस अजान में छिपा आज वह
श्याम गगन का घन उन्माद ?

कह, किस अलस मराल-चाल पर
गूँज उठे सारे सङ्गीत,
पद-पद के लघु ताल-ताल पर
गति स्वच्छन्द, अजीत अभीत ?

स्मिति-विकसित नीरज नयनों पर
स्वर्ण - किरण - रेखा अम्लान,

साथ-साथ प्रिय तरुण अरुण के
अन्धकार में छिपी अजान !

किस दुर्गम गिरि के कन्दर में
डब गया जग का निःश्वास ?
उतर रहा अब किस अरण्य पर
दिनमणि-हीन अस्त आकाश ?

आप आ गया प्रिय के कर में
कह, किसका वह कर सुकुमार,
विटप-विहँग ज्यों फिरा नीड़ में
सहम-तमिस्र देख संसार ?

स्मर-सर के निर्मल अन्तर में
देखा था जो शशि प्रतिभात,
छिपा लिया है उसे जिन्होंने
हैं वे किस घन वन के पात ?

कहाँ आज वह निद्रित जीवन
बँधा बाहुओं में भी मुक्त ?
कहाँ आज वह चितवन चेतन
श्याम-मोह-कज्जल अभियुक्त ?

वह नयनों का स्वप्न मनोहर
हृदय-सरोवर का जलजात,
एक चन्द्र निस्सीम व्योम का
वह प्राची का विमल प्रभात,

वह राका की निर्मल छवि, वह
गौरव रवि, कवि का उत्साह,

किस अतीत से मिला आज वह
यमुने, तेरा सरस प्रवाह ?

खींच रहा है मेरा मन वह
किस अतीत का इंगित मौन ?
इस प्रसुप्ति से जगा रही जो
बता, प्रिया-सी है वह कौन ?

वह अविकार निविड़-सुख-दुख-गृह
वह उच्छृङ्खलता उद्दाम,
वह संसार भीरु-दृग - संकुल
ललित-कल्पना - गति अभिराम,

वह वर्षों का हर्षित क्रीड़न
पीड़न का चञ्चल संसार,
वह विलास का लास-अङ्क, वह
भृकुटि कुटिल प्रिय-पथ का पार;

वह जागरण मधुर अधरों पर
वह प्रसुप्ति नयनों में लीन,
मुग्ध मौन मन में उन्मुख सुख
आकर्षणमय नित्य नवीन;

वह सहसा सजीव कम्पन-द्रुत
सुरभि-समीर, अधीर वितान,
वह सहसा स्तम्भित वक्षःस्थल
टलमल पद, प्रदीप निर्वाण;

गुप्त-रहस्य-सृजन-अतिशय श्रम
वह क्रम-क्रम से सञ्चित ज्ञान,

स्खलित-वसन-तनु-सा तनु अमरण
नग्न, उदास, व्यथित अभिमान;

वह मुकुलित लावण्य लुप्तमधु
सुप्त पुष्प में विकल विकास,
वह सहसा अनुकूल प्रकृति के
प्रिय दुकूल में प्रथम प्रकाश;

वह अभिराम कामनाओं का
लज्जित उर, उज्ज्वल विश्वास,
वह निष्काम दिवा - विभावरी
वह स्वरूप - मद - मञ्जुल हास;

वह सुकेश - विस्तार कुञ्ज में
प्रिय का अति उत्सुक सन्धान,
तारों के नीरव समाज में
यमुने, यह तेरा मृदु गान;

वह अतृप्त आग्रह से सिञ्चित
विरह - विटप का मूल मलीन,
अपने ही फूलों से वंचित
वह गौरव-कर निष्प्रभ, क्षीण;

वह निशीथ की नग्न वेदना
दिन की दम्य दुराशा आज,
कहाँ अँधेरे का प्रिय परिचय
कहाँ दिवस की अपनी लाज ?

उदासीनता गृह - कर्मों में
मर्म - मर्म में विकसित स्नेह,

निरपराध हाथों में छाया
अञ्जन - रञ्जन - भ्रम सन्देह;

विस्मृत-पथ-परिचायक स्वर से
छिन्न हुए सीमा - दृढ़ पाश,
ज्योत्सना के मण्डप में निर्भय
कहाँ हो रहा है वह रास ?

वह कटाक्ष चञ्चल यौवन-मन
वन-वन प्रिय - अनुसरण - प्रयास,
वह निष्पलक सहज चितवन पर
प्रिय का अचल अटल विश्वास;

अलक-सुगन्ध-मदिर सरि - शीतल
मन्द अनिल, स्वच्छन्द प्रवाह,
वह विलोल हिल्लोल चरण, कटि
भुज, ग्रीवा का वह उत्साह;

मत्त-भृंग-सम सङ्ग - सङ्ग तम-
तारा मुख - अम्बुज-मधु - लुब्ध,
विकल विलोड़ित चरण-अंक पर
शरण-विमुख नूपुर-उर क्षुब्ध;

वह संगीत विजय - मद - गर्वित
नृत्य - चपल अधरों पर आज,
वह अजीत-इङ्गित मुखरित-मुख
कहाँ आज वह सुखमय साज ?

वह अपनी अनुकूल प्रकृति का
फूल, वृन्त पर विकच अधीर,

वह उदार, संवाद विश्व का
वह अनन्त नयनों का नीर;

वह स्वरूप-मध्याह्न-तृषा का
प्रचुर आदि - रस, वह विस्तार
सफल प्रेम का, जीवन के वह
दुस्तर सर - सागर का पार;

वह अञ्जलि कलिका की कोमल
वह प्रसून की अन्तिम दृष्टि,
वह अनन्त का ध्वंस सान्त, वह
सान्त विश्व की अगणित सृष्टि;

वह विराम-अलसित पलकों पर
सुधि की चञ्चल प्रथम तरङ्ग,
वह उद्दीपन, वह मृदु कम्पन
वह अपनापन, वह प्रिय - सङ्ग;

वह अज्ञात पतन लज्जा का
स्खलन शिथिल घूँघट का देख,
हास्य-मधुर निर्लज्ज उक्ति वह
वह नव यौवन का अभिषेक;

मुग्ध रूप का वह क्रय - विक्रय
वह विनिमय का निर्दय भाव,
कुटिल करों को सौंप सुहृद - मन
वह विस्मरण, मरण, वह चाव;

असफल छल की सरल कल्पना
ललनाओं का मृदु उद्गार,

बता, कहाँ विक्षुब्ध हुआ वह
दृढ़ यौवन का पीन उभार ?

उठा तूलिका मृदु चितवन की,
भर मन की मदिरा में मौन,
निर्निमेष नभ-नील-पटल पर
अटल खींचती छवि, वह कौन ?

कहाँ यहाँ अस्थिर तृष्णा का
बहता अब वह स्रोत अजान ?
कहाँ हाय निरुपाय तृणों से
बहते अब वे अगणित प्राण ?

नहीं कहीं नयनों में पाया
नहीं समाया वह अपराध,
कहाँ, कहाँ अधिकृत अधरों पर
उठता वह सङ्गीत अबाध ?

मिली बिरह के दीर्घ श्वास से
बहती नहीं कहीं वातास,
कहाँ सिसककर मलिन मर्म में
मुरझा जाता है निःश्वास ?

कहाँ छलकते अब वैसे ही
ब्रज - नागरियों के गागर ?
कहाँ भीगते अब वैसे ही
बाहु, उरोज, अधर, अम्बर ?

बँधा बाहुओं में घट क्षण-क्षण
कहाँ प्रकट बकता अपवाद ?

अलकों को, किशोर पलकों को
कहाँ वायु देती संवाद ?

कहाँ कनक-कोरों के नीरव
अश्रु-कणों में भर मुसकान,
विरह-मिलन के एक साथ ही
खिल पड़ते वे भाव महान ?

कहाँ सूर के रूप-बाग के
दाड़िम, कुन्द, विकच अरविन्द,
कदली, चम्पक, श्रीफल, मृगशिशु
खंजन, शुक, पिक, हंस, मिलिन्द ?

एक रूप में कहाँ आज वह
हरि-मृग का निर्वैर विहार,
काले नागों से मयूर का
बन्धु-भाव, सुख सहज अपार ?

पावस की प्रगल्भ धारा में
कुञ्जों का वह कारागार,
अब जग के विस्मित नयनों में
दिवस-स्वप्न-सा पड़ा असार !

द्रव-नीहार अचल-अधरों से
गल-गल गिरि-उर के सन्ताप,
तेरे तट से अटक रहे थे
करते अब सिर पटक विलाप;

विवश दिवस के-से आवर्तन
बढ़ते हैं अम्बुधि की ओर,

फिर-फिर फिर भी ताक रहे हैं
कोरों में निज नयन मरोर !

एक रागिनी रह जाती जो
तेरे तट पर मौन उदास,
स्मृति-सी भग्न भवन की, मन को
दे जाती अति क्षीण प्रकाश;

टूट रहे हैं पलक-पलक पर
तारों के ये जितने तार,
जग के अब तक के रागों से
जिनमें छिपा पृथक् गुञ्जार;

उन्हें खींच निस्सीम व्योम की
वीणा में कर-कर झङ्कार,
गाते हैं अविचल आसन पर
देवदूत जो गीत अपार;

कम्पित उनके करुण करों में
तारक तारों की-सी तान,
बता, बता, अपने अतीत के
क्या तू भी गाती है गान ?

युक्ति

"काल-वायु से स्खलित न होंगे
कनक - प्रसून ?
क्या पलकों पर विचरेगी ही
यौवन-धूम ?"

गत रागों का सूना अन्तर
प्रतिपल तब भी मेरा सुखकर
भर देगा यौवन—
मन ही सर्वसृजन ।

मोह-पतन में भी तो रहते हैं हम
तम-कण चूम,
फिर ऐसी ही क्यों न रहेगी
यौवन-धूम ?

परलोक

नयन मुँदेंगे जब, क्या देंगे ?—
चिर - प्रिय - दर्शन ?
शत-सहस्र-जीवन-पुलकित, प्लुत
प्यालाकर्षण ?
अमरण-रणमय मृदु-पद-रज ?
विद्युद्-घन-चुम्बन ?
निर्विरोध, प्रतिहत भी
अप्रतिहत आलिंगन ?

प्रिया के प्रति

१

एक बार भी यदि अजान के
अन्तर से उठ आ जातीं तुम,
एक बार भी प्राणों की तम
छाया में आ कह जातीं तुम
सत्य हृदय का अपना हाल
कैसा था अतीत वह, अब यह
बीत रहा है कैसा काल ?
मैं न कभी कुछ कहता,
बस, तुम्हें देखता रहता !
चकित, थकी, चितवन मेरी रह जाती
दग्ध हृदय के अगणित व्याकुल भाव
मौन दृष्टि की ही भाषा कह जाती।

२

तप वियोग की चिर ज्वाला से
कितना उज्ज्वल हुआ हृदय यह,
पिष्ट कठिन साधना - शिला से
कितना पावन हुआ प्रणय यह,
मौन दृष्टि सब कहती हाल,
कैसा था अतीत मेरा अब

बीत रहा यह कैसा काल।
क्या तुम व्याकुल होतीं ?
मेरे दुख पर रोतीं ?
मेरे नयनों में न अश्रु प्रिय आता
मौन दृष्टि का मेरा चिर अपनाव
अपना चिर-निर्मल अन्तर दिखलाता।

भ्रमर-गीत

मिल गये एक प्रणय में प्राण,
मौन, प्रिय, मेरा मधुमय गान !

खिली थी जब तुम, प्रथम प्रकाश,
पवन - कम्पित नव यौवन हास,
वृन्त पर टलमल उज्ज्वल प्राण,
नवल यौवन कोमल नव ज्ञान,
सुरभि से मिला आशु आह्वान,
प्रथम फूटा प्रिय मेरा गान।

वन्य - लावण्य - लुब्ध संसार,
देखता छवि रुक बारम्बार,
सहज ही नयन सहस्र अजान
रूप - विधु का करते मधुपान,

मनोरंजन में गुंजन - लीन,
लुब्ध आया, देखा आसीन

रूप की सजल प्रभा में आज
तुम्हारी नग्न कान्ति, नव लाज,
मिल गये एक प्रणय में प्राण,
रुक गया प्रिय, तब मेरा गान।

वृत्ति

देख चुका, जो - जो - आये थे,
चले गये,
मेरे प्रिय सब बुरे गये, सब
भले गये !
क्षण - भर की भाषा में,
नव - नव अभिलाषा में,
उगते पल्लव-से कोमल शाखा में,
आये थे जो निष्ठुर कर से
मले गये,
मेरे प्रिय सब बुरे गये, सब
भले गये !
चिन्ताएँ, बाधाएँ,
आती हैं, आयें;
अन्ध हृदय है, बन्धन निर्दय लायें;
मैं ही क्या, सब ही तो ऐसे
छले गये,
मेरे प्रिय सब बुरे गये, सब
भले गये !

पारस

प्रतिपल तुम ढाल रहे सुधा-मधुर ज्योति-धार,
मेरे जीवन पर, प्रिय, यौवन-वन के बहार !

बह-बह कुछ कह-कह आपस में,
रह-रह आती हैं रस-बस में,
कितनी ही तरुण अरुण किरणें,

देख रहा हूँ अजान दूर ज्योति-यान-द्वार,
मेरे जीवन पर, प्रिय, यौवन-वन के बहार !

मार पलक परिमल के शीतल
छन-छनकर पुलकित धरणीतल,
बहती है वायु, मुक्त कुन्तल,

अर्पित है चरणों पर मेरा यह हृदय-हार—
मेरे जीवन पर, प्रिय, यौवन-वन के बहार !

जीवन की विजय, सब पराजय,
चिर-अतीत आशा, सुख, सब भय
सबमें तुम, तुममें सब तन्मय,

कर-स्पर्श-रहित और क्या है ?—अपलक, असार !
मेरे जीवन पर, प्रिय, यौवन - वन के बहार !

बदला

देख पुष्प-द्वार
परिमल-मधु-लुब्ध मधुप करता गुंजार।

आशा की फाँस में,
प्रणय, साँस-साँस में
बहता है, भौंरा मधु-मुग्ध
कहता अति-चकित-चित्त-क्षुब्ध—

"सुनो, अहा फूल,
जब कि यहाँ दम है,
फिर, क्या रंजोग़म है,

पड़ेगी न धूल,
मैं हिला-झुला झाड़-पोंछ दूंगा,
बदले में ज्यादा कभी न लूँगा,

बस, मेरा हक मुझको दे देना,
अपना जो हो, अपना ले लेना।"

धूल-झड़ाई थी
वह सब-कुछ,

जो कुछ कि आज तक की कमाई थी।
रूप और यौवन-बल खोया,
दिन - भर में थक, नींद
सदा की झड़कर सोया।

वासन्ती

अति ही मृदु गति ॠतुपति की
प्रिय डालों पर, प्रिय, आओ,
पिक के पावन पंचम में,
गाओ, वन्दन - ध्वनि गाओ !

प्रिय, नील - गगन - सागर तिर
चिर, काट तिमिर के बन्धन,
उतरो जग में, उतरो फिर
भर दो, पग-पग नव स्पन्दन !

सिहरे द्रुम - दल, नव पल्लव
फूटें डालों पर कोमल,
लहरे मलयानिल, कलरव,
भर लहरों में मृदु - चंचल !

मुद्रित - नयना - कलिकाएँ
फिर खोल नयन निज हेरें,
पर मार प्रेम के आयें
अलि, बालाएँ मुँह फेरें !

फागुन का फाग मचे फिर
गावें अलि गुञ्जन - होली,

हंसती नव हास रहें घिर
बालाएँ डालें रोरी !

मञ्जरियों के मुकुटों में
नव नीलम आम - दलों के
जोड़ो मञ्जुल घड़ियों में
ऋतुपति को पहनाने को
झुक डालों की लड़ियों में।

अयि, पल्लव के पखनों पर
पालो कोमल तन पालो,
आलोक - नग्न पलकों पर
प्रिय की छवि खींच उठा लो।

भर रेणु - रेणु में नभ की
फैला दो जग की आशा,
खुल जाय खिली कलियों में
नव - नव जीवन की आशा।

प्रिय, केशर के रञ्जन की
मसि से पत्रों पर लिख दो—
"जग, है लिपि यह नूतन की
सिख लो, तुम भी कुछ सिख लो !

"अति गहन विपिन में जैसे
गिरि के तट काट रही हैं
नव - जल - धाराएँ, वैसे
भाषाएँ सतत बही हैं।"

फिर वर्ष सहस्र पथों से
आया हँसता - मुख आया,

ऋतुओं के बदल रथों से
लाया तुमको हर लाया !

हाँ, मेरे नभ की तारा
रहना प्रिय, प्रति निशि रहना,
मेरे पथ की ध्रुव धारा
कहना इंगित से कहना !

मैं और न कुछ देखूंगा
इस जग से मौन रहूँगा,
बस नयनों की किरणों में
लख लूँगा, कुछ लख लूँगा !

नव किरणों के तारों से
जग की यह वीणा बाँधो,
प्रिय, व्याकुल झंकारों से
साधो, अपनी गत साधो;

फिर उर - उर के पथ बन्धुर
पग-द्रवित मसृण ऋजु कर दो,
खर नव युग की कर - धारा
भर दो द्रुत जग में, भर दो !

फिर नवल कमल - वन फूलें
फिर नयन वहाँ पथ भूलें,
फिर फूलों नव वृन्तों पर
अनुकूलें अलि अनुकूलें ।

नयन

मद - भरे ये नलिन - नयन मलीन हैं;
अल्प-जल में या विकल लघु मीन हैं ?
या प्रतीक्षा में किसी की शर्वरी;
बीत जाने पर हुए ये दीन हैं ?

या पथिक से लोल-लोचन ! कह रहे—
"हम तपस्वी हैं, सभी दुख सह रहे।
गिन रहे दिन ग्रीष्म - वर्षा - शीत के;
काल - ताल - तरंग में हम बह रहे।

मौन हैं, पर पतन में—उत्थान में,
वेणु-वर - वादन - निरत - विभु-गान में
है छिपा जो मर्म उसका, समझते;
किन्तु फिर भी हैं उसी के ध्यान में।

आह! कितने विकल-जन-मन मिल चुके;
हिल चुके, कितने हृदय हैं खिल चुके।
तप चुके वे प्रिय - व्यथा की आँच में;
दु:ख उन अनुरागियों के झिल चुके।

क्यों हमारे ही लिए वे मौन हैं ?
पथिक, वे कोमल कुसुम हैं—कौन हैं ?"

तरंगों के प्रति

किस अनन्त का नीला अंचल हिला-हिलाकर
आती हो तुम सजी मण्डलाकार ?
एक रागिनी में अपना स्वर मिला-मिलाकर
गाती हो ये कैसे गीत उदार ?
सोह रहा है हरा क्षीण कटि में, अम्बर शैवाल,
गाती आप, आप देती सुकुमार करों से ताल।
चंचल चरण बढ़ाती हो,
किससे मिलने जाती हो ?
तैर तिमिर-तल भुज-मृणाल से सलिल काटती,
आपस में ही करती हो परिहास,
हो मरोरती गला शिला का कभी डाँटती,
कभी दिखाती जगती-तल को त्रास,
गन्ध-मन्द गति कभी पवन का मौन-भंग उच्छ्‌वास
छाया-शीतल तट-तल में आ तकती कभी उदास,
क्यों तुम भाव बदलती हो—
हँसती हो, कर मलती हो ?
बाँहें अगणित बढ़ी जा रहीं हृदय खोलकर
किसके आलिंगन का है यह साज ?
भाषा में तुम पिरो रही हो शब्द तोलकर,
किसका यह अभिनन्दन होगा आज ?
किसके स्वर में आज मिला दोगी वर्षा का गान,

आज तुम्हारा किस विशाल वक्षःस्थल में अवसान ?
आज जहाँ छिप जाओगी,
फिर न हाय तुम गाओगी !
बहती जातीं साथ तुम्हारे स्मृतियाँ कितनी,
दग्ध चिता के कितने हाहाकार !
नश्वरता की—थीं सजीव जो—कृतियाँ कितनी,
अबलाओं की कितनी करुण पुकार !
मिलन-मुखर तट की रागिनियों का निर्भय गुंजार,
शंकाकुल कोमल मुख पर व्याकुलता का संचार,
उस असीम में ले जाओ,
मुझे न कुछ तुम दे जाओ !

जलद के प्रति

जलद नहीं,—जीवनद, जिलाया
जब कि जगज्जीवन्मृत को;
तपन - ताप - सन्तप्त तृषातुर
तरुण - तमाल - तलाश्रित को ।
पथ - पीयूष - पूर्ण पानी से
भरा प्रीति का प्याला है;
नव वन, नव जन, नव तन, नव मन,
नव घन ! न्याय निराला है ।
भौंएं तान दिवाकर ने जब
भू का भूषण जला दिया,
मा की दशा देखकर तुमने
तब विदेश प्रस्थान किया ।
वहाँ होशियारों ने तुमको
खूब पढ़ाया, बहकाया;
'द' जोड़ ग्रेड बढ़ाया, तुम पर
जाल फूट का फैलाया ।
'जल' से 'जलद' कहा, समझाया
भेद तुझे ऊँचे बैठाल;
दायें - बायें लगे रहे, जिससे
तुम भूलो ज़ाती ख्याल,

किन्तु तुम्हारे चारु चित्त पर
खिंची सदा मा की तस्वीर,
क्षीण हुआ मुख, छलक रहा
नलिनी-दल नयनों से दुख-नीर।
पवन शत्रु ने तुम्हें उतरते देख
उड़ाया पथ - अम्बर,
पर तुम कूद पड़े, पहनाया
मा को हरा वसन सुन्दर;
धन्य तुम्हारे भक्ति - भाव को
दुःख सहे, डिगरी खोयी,
ऊर्ध्वंग जलद! बने निमग्न जल,
प्यारे प्रीति - बेलि बोयी!

तुम और मैं

तुम तुंग - हिमालय - श्रृंग
और मैं चंचल-गति सुर-सरिता।
तुम विमल हृदय उच्छ्‌वास
और मैं कान्त-कामिनी-कविता।
तुम प्रेम और मैं शान्ति,
तुम सुरा - पान - घन अन्धकार,
मैं हूँ मतवाली भ्रान्ति।
तुम दिनकर के खर किरण-जाल,
मैं सरसिज की मुस्कान,
तुम वर्षों के बीते वियोग,
मैं हूँ पिछली पहचान।
तुम योग और मैं सिद्धि,
तुम हो रागानुग निश्छल तप,
मैं शुचिता सरल समृद्धि।
तुम मृदु मानस के भाव
और मैं मनोरंजिनी भाषा,
तुम नन्दन - वन - घन विटप
और मैं सुख-शीतल-तल शाखा।
तुम प्राण और मैं काया,
तुम शुद्ध सच्चिदानन्द ब्रह्म
मैं मनोमोहिनी माया।

तुम प्रेममयी के कण्ठहार,
मैं वेणी काल-नागिनी,
तुम कर-पल्लव-झंकृत सितार,
मैं व्याकुल विरह - रागिनी।
तुम पथ हो, मैं हूं रेणु,
तुम हो राधा के मनमोहन,
मैं उन अधरों की वेणु।
तुम पथिक दूर के श्रान्त
और मैं बाट - जोहती आशा,
तुम भवसागर दुस्तर
पार जाने की मैं अभिलाषा।
तुम नभ हो, मैं नीलिमा,
तुम शरत - काल के बाल-इन्दु
मैं हूँ निशीथ - मधुरिमा।
तुम गन्ध-कुसुम-कोमल पराग,
मैं मृदुगति मलय - समीर,
तुम स्वेच्छाचारी मुक्त पुरुष,
मैं प्रकृति, प्रेम - जंजीर।
तुम शिव हो, मैं हूँ शक्ति,
तुम रघुकुल - गौरव रामचन्द्र,
मैं सीता अचला भक्ति।
तुम आशा के मधुमास,
और मैं पिक - कल-कूजन तान,
तुम मदन - पंच - शर - हस्त
और मैं हूँ मुग्धा अनजान!
तुम अम्बर, मैं दिग्वसना,
तुम चित्रकार, घन-पटल-श्याम,
मैं तड़ित् तूलिका रचना।
तुम रण-ताण्डव-उन्माद नृत्य

मैं मुखर मधुर नूपुर-ध्वनि,
तुम नाद-वेद ओंकार-सार,
मैं कवि - शृंगार शिरोमणि ।
तुम यश हो, मैं हूँ प्राप्ति,
तुम कुन्द - इन्दु - अरविन्द-शुभ्र
तो मैं हूँ निर्मल व्याप्ति ।

जागो

यौवन - मरु की पहली ही मंजिल में
अस्थिर एक किरण-सी झलकी आशा,
मैं क्या जानूं, है यह जितनी सुन्दर
भरी हुई उतनी ही तीव्र पिपासा।
छिपकर आयी, क्या जाने क्यों आयी,
शायद सब पर ऐसे ही आती है।
चमक चौंककर चकचौंधी में सबको
डाल, खींचकर बल से ले जाती है।
तृष्णा मुझमें ऐसे ही आयी थी,
सूखा था जब कण्ठ, बढ़ी थी मैं भी,
बार-बार छाया में धोखा खाया,
पर हरने पर प्यास, पड़ी थी मैं भी।
धीरे - धीरे एक बाग में आयी,
भरा हुआ तालाब एक था पाया।
दूर देख कुछ, सोयी मैं छाया में,
जागी, तब न प्यास, थी और न माया।

वसन्त–समीर

आओ, आओ, नील सिन्धु की
कम्प तरंगों से उठकर
पृथ्वो पर, वन की वीणा में
मृदु मर्मर भर मर्मर स्वर।

भरो पुलक नव - प्रेम - प्रकम्पित
कामिनियों के नव तन में,
खोलो नवल प्रात मुख ढक-ढक
अलख - बादलों से, क्षण में।

नवल प्राण नव गान गगन में
फूटें नवल वृन्त पर फूल।
भरें जागरण की किरणों से
जग के जीवन के युग फूल।

इसी प्रखर नव कर - धारा में
अपनी नौका की पतवार,
पकड़ूँ दृढ़ अनुकूल रहो तुम
पहुँचूं प्रिय, जीवन के पार।

चीर विषम प्रतिकूल तरंगें,
भीम भयंकर भँवर गहन,

दृढ़ सहता निस्संग मौन रह,
ज्योति-सिन्धु - ज्वाला असहन।

वहाँ कहाँ कोई अपना? सब
सत्य - नीलिमा में लयमान;
केवल मैं, केवल मैं, केवल
मैं, केवल मैं, केवल ज्ञान।

भुवन-भुवन की भवन-यूथिका
खोल रही, दृग खोल रही,
चंचल तव कर-चपल स्पर्श से
डोल रही, मृदु डोल रही।

फिर वासन्ती अखिल लोक में
ज्योत्सना का होता अभिसार,
विकल पपीहा - वधू डाल पर
पिया कहाँ, कह, रही पुकार।

निशा - हृदय के स्वप्न-लोक में
लघु पंखों से उड़ जाओ।
हिला हृदय, फिर जिला प्रेम नव
चूम अधर द्रुत फिर आओ।

पुष्प - मंजरी के उर की प्रिय
गन्ध मन्द गति ले आओ।
नव-जीवन का अमृत-मन्त्र-स्वर
भर जाओ, फिर भर जाओ।

यदि आलस से विपथ नयन हों
निद्राकर्षण से अति दीन,

मेरे वातायन के पथ से
प्रखर सुनाना अपनी बीन।

वीणा की नव चिर-परिचित तव
वाणी सुनकर उठूँ तुरन्त,
समझूँ जीवन के पतझड़ में
आया हँसता हुआ वसन्त।

मुरझाया था जग पतझड़ में
आया था चिन्ता का काल,
द्रुम - ललाट से प्रतिपल झरते
शिशिर-विन्दु-श्रम शिथिल सकाल।

विकृत अंग सब, रिक्त अंग था
प्रजा हुई थी दीन मलीन,
सब जग निज जीवन की जटिल
समस्या ही पर था तल्लीन।

उसी समय दी खोल हृदय की
ग्रन्थि, खुल गये उर के द्वार,
देखा, नव-श्री - सुख-शोभा से
लहराता जग विविध प्रकार।

प्रथम प्रभात

प्रथम चकित चुम्बन-सी सिहर समीर,
कँपा त्रस्त अम्बर के छोर,
उठा लाज की सरस हिलोर,
उषा के अधरों में अरुण अधीर,
भर मुग्धा की चितवन में अनजान,
तरुण - अरुण-यौवन - प्रभात - अनजान,
प्रथम सुरभि में भर उन्माद - विकास
अभी - अभी आयी थी मेरे पास।
वातायन में कर कोमल आघात
स्वप्न - जटिल जीवन - कैशोर,
उच्छृंखलता की गह डोर,
खींच रही थी अपनी ओर,---अजात
निर्झरिणी की - सी विकास की लास—
गिरि-गह्वर में फूट रही सोच्छ्वास।
जगकर मैंने खोला अपना द्वार,
पाया मुख पर किरणों का अधिकार।

क्या दूं ?

देवि, तुम्हें मैं क्या दूं ?

क्या है, कुछ भी नहीं, ढो रहा व्यर्थ साधना-भार
एक विफल रोदन का है यह हार—एक उपहार;
भरे आँसुओं में हैं, असफल कितने विकल प्रयास,
झलक रही है मनोवेदना, करुणा, पर - उपहास;

क्या चरणों पर ला दूं ?
और तुम्हें मैं क्या दूं ?

जड़े तुम्हारे चल अञ्चल में चमक रहे हैं रत्न
बरस रही माधुरी, चातुरी, कितना सफल प्रयत्न;
कवियों ने चुन-चुन पहनाये तुमको कितने हार,
वहाँ हृदय की हार—आँसुओं का अपना उपहार;

कैसे देवि, चढ़ा दूं ?
कहो, और मैं क्या दूं ?

स्वयं बढ़ा दो ना तुम करुणा-प्रेरित अपने हाथ,
अन्धकार-उर को कर दो रवि-किरणों का प्लुत प्रात;

पहनो यह माला मा, उर में मेरे ये सङ्गीत,
खेलें उज्ज्वल, जिनसे प्रतिपल थी जनता भयभीत;

क्या मैं इसे बढ़ा दूँ ?
और तुम्हें मैं क्या दूँ ?

माया

तू किसी के चित्त की है कालिमा
या किसी कमनीय की कमनीयता ?
या किसी दुखदीन की है आह तू
या किसी तरु की तरुण वनिता-लता ?

तू किसी भूले हुए की भ्रान्ति है
शान्ति-पथ पर या किसी की गम्यता ?
शीत की नीरस निठुर तू यामिनि
या वसन्त - विभावरी की रम्यता ?

यक्ष विरही की कठिन विरह-व्यथा
या कि तू दुष्यन्त-कान्त शकुन्तला ?
या कि कौशिक-मोह की तू मेनका
या कि चित्त-चकोर की तू विधु-कला ?

तू किसी वन की विषम विष-वल्लरी
या कि मन्द समीर गन्ध-विनोद की ?
या कि विधवा की करुण चिन्ता-चिता
बालिका तू या कि मा की गोद की ?

सुप्त सुख की सेज पर सोती हुई
हो रही है भैरवी तू नागिनी,

या किसी व्याकुल विदेशी के लिए
बज रही है तू इमन की रागिनी ?

या किसी जन जीर्ण के सम्मुख खड़ी
है निकट वीभत्स की कटु - मूर्ति तू,
या कि कोमल-बाल-कवि-कर-कञ्ज से
हो रही श्रृङ्गार-रस की स्फूर्ति तू ?

या सताती कुमुदिनी को तू अरी
है निरी पैनी छुरी रवि की छटा,
तू मयूरों के लिए उन्मादिनी
या कि है सावन-गगन की घन - घटा ?

या कहीं सुन्दर प्रकृति बन - सँवरकर
नृत्य करती नायिका तू चञ्चला,
या कहीं लज्जावती क्षिति के लिये
हो रही सरिता मनोहर मेखला ?

या कि भव - रण - रङ्ग से भागे हुए
कायरों के चित्त की तू भीति है,
या कि विजयोल्लास कें प्रति शब्द में
तू विजेता की विजय की प्रीति है ?

सृष्टि के अन्तःकरण में तू बसी
है किसी के भोग - भ्रम की साधना,
या कि लेकर सिद्धि तू आगे खड़ी
त्यागियों के त्याग की आराधना ?

अध्यात्म-फल

जब खड़ी मारें पड़ीं, दिल हिल गया
पर न कर चूँ भी, कभी पाया यहाँ;
मुक्ति की तब युक्ति से मिल खिल गया
भाव, जिसका चाव है छाया यहाँ।

खेत में पड़ भाव की जड़ गड़ गयी,
धीर ने दुख - नीर से सींचा सदा,
सफलता की थी लता आशामयी,
झूलते थे फूल—भावी सम्पदा।

दीन का तो हीन ही यह वक्त है,
रङ्ग करता भङ्ग जो सुख-सङ्ग का
भेद से कर छेद पाता रक्त है
राज के सुख - साज - सौरभ-अङ्ग का।

काल की ही चाल से मुरझा गये
फूल, हूले शूल जो दुख मूल में
एक ही फल, किन्तु हम बल पा गये;
प्राण है वह, त्राण सिन्धु अकूल में।

मिष्ट है, पर इष्ट उनका है नहीं
शिष्ट पर न अभीष्ट जिनका नेक है,
स्वाद का अपवाद कर भरते मही,
पर सरस वह नीति - रस का एक है।

गीत

अलि, घिरि आये घन पावस के।

लख ये काले - काले बादल,
नील सिन्धु में खुले कमल - दल,
हरित ज्योति, चपला अति चञ्चल,
सौरभ के, रस के—
अलि, घिर आये घन पावस के।

द्रुम समीर-कम्पित थर - थर-थर,
झरतीं धाराएं झर - झर - झर,
जगती के प्राणों में स्मर - शर
वेध गये, कसके—
अलि, घिरि आये घन पावस के।

हरियाली ने, अलि, हर ली श्री
अखिल विश्व के नव यौवन की,
मन्द - गन्ध कुसुमों में लिख दी
लिपि जय की हँसके—
अलि, घिरि आये घन पावस के।

छोड़ गये गृह जबसे प्रियतम

बीते अपलक दृश्य मनोरम,
क्या मैं हूँ ऐसे ही अक्षम,
क्यों न रहे बसके—
अलि, घिरि आये घन पावस के।

आदान-प्रदान

कठिन शृंखला बजा - बजाकर
गाता हूँ अतीत के गान,
मुझ भूले पर उस अतीत का
क्या ऐसा ही होगा ध्यान ?
शिशु पाते हैं माताओं के
वक्षःस्थल पर भूला गान,
माताएँ भी पातीं शिशु के
अधरों पर अपनी मुसकान ।

गीत

हमें जाना है जग के पार—
जहाँ नयनों से नयन मिले,
ज्योति के रूप सहस्र खिले,
सदा ही बहती नव-सर-धार—
वहीं जाना, इस जग के पार।

कामना के कुसुमों की कीट
काट करता छिद्रों को छीट,
यहाँ रे सदा प्रेम की ईंट
परस्पर खुलती सौ-सौ बार—
हमें जाना इस जग के पार।

वहाँ अधरों को हास हिला
क्षुब्ध अधरों से रहा मिला,
साँस में सहसा प्रेम जिला,
बना देता उर को उर-हार—
हमें जाना जग के उस पार।

वहाँ नयनों में केवल प्रात,
चन्द्र-ज्योत्स्ना ही केवल गात,
रेणु - छाये ही रहते पात,

मन्द ही बहती सदा बयार,
हमें जाना इस जग के पार।

डाल सहसा संशय में प्राण
रोक लेते अपना मृदु गान,
यहाँ रे सदा प्रेम में मान,
ज्ञान में बैठा मोह असार—
हमें जाना जग के उस पार।

दूसरे को कस अन्तर तोल,
नहीं होता प्राणों का मोल,
वहाँ के बल केवल वे लोल
नयन दिखलाते निश्छल प्यार—
हमें जाना जग के उस पार।

गीत

निशा के उर की खुली कली।

भूषण - वसन सजे गोरे तन,
प्रीति-भीति काँपे पग उर - मन,
बाजे नूपुर रुन-रिन-रन-झन,
लाज - विवश - सिहरा।

खड़ी सोचती नमित नयन-मुख,
रखती पग उर काँप पुलक सुख,
हँस अपने ही आप सकुच धनि,
गति मृदु-मन्द चली।

मूँद पलक प्रिय की शय्या पर,
रखते ही पग, उर थर-थर-थर,
काँप उठा वन में तरु - मर्मर,
चली पवन पहली।

स्मृति

जटिल जीवन - नद में तिर - तिर
डूब जाती हो तुम चुपचाप,
सतत द्रुत गतिमयि अयि फिर-फिर
उभड़ करती हो प्रेमालाप;

सुप्त मेरे अतीत के गान
सुना, प्रिय, हर लेती हो ध्यान ?

सफल जीवन के सब असफल,
कहीं की जीत, कहीं की हार,
जगा देता मधु - गीत सकल
तुम्हारा ही निर्मम झंकार;

वायु-व्याकुल शतदल-सा हाय,
विकल रह जाता हूँ निरुपाय !

मुक्त शैशव मृदु - मधुर मलय
स्नेह-कम्पित किसलय नव गात,
कुसुम अस्फुट नव - नव संचय,
मृदुल वह जीवन कनक-प्रभात;

आज निद्रित अतीत में बन्द
ताल वह, गति वह, लय वह छन्द !

आँसुओं से कोमल झर - झर
स्वच्छ निर्झर-जल-कण-से प्राण,
सिमट सट-सट अन्तर भर-भर
जिसे देते थे जीवन - दान;

वही चुम्बन की प्रथम हिलोर
स्वप्न-स्मृति दूर, अतीत, अछोर!

पली सुख-वृन्तों की कलियाँ—
विटप उर की अवलम्बित हार,
विजन-मन-मुदित सहेलरियाँ—
स्नेह-उपवन की सुख, शृंगार;

आज खुल-खुल गिरतीं असहाय,
विटप वक्षःस्थल से निरुपाय !

मूर्ति वह यौवन की बढ़-बढ़—
एक अश्रुत भाषा की तान,
उमड़ चलती फिर-फिर अड़-अड़
स्वप्न-सी जड़ नयनों में मान;

मुक्त-कुन्तल मुख व्याकुल लोल !
प्रणय-पीड़ित वे अस्फुट बोल !

तृप्ति वह तृष्णा की अविकृत
स्वर्ग आशाओं की अभिराम,
क्लान्ति की सरल मूर्ति निद्रित
गरल की अमृत, अमृत की प्राण;

रेणु वह किस दिगन्त में लीन,
वेणु ध्वनि-सी न शरीराधीन !

सरल - शैशव - श्री सुख - यौवन
केलि अलि-कलियों की सुकुमार,
अशंकित नयन, अधर, कम्पन
हरित-हृत-पल्लव-नव श्रृंगार;

दिवस-द्युति छवि निरलस अविकार,
विश्व की श्वसित छटा-विस्तार।

नियति - सन्ध्या में मुँदे सकल
वही दिनमणि के अगणित साज,
न हैं वे कुसुम, न वह परिमल,
न हैं वे अधर, न है वह लाज !

तिमिर-ही-तिमिर रहा कर पार,
लक्ष - वक्षःस्थलार्गलित द्वार।

उषा-सी क्यों तुम कहो, द्विदल
सुप्त पलकों पर कोमल हाथ
फेरती हो ईप्सित मंगल,,
जगा देती हो वही प्रभात।

वही सुख, वही भ्रमर-गुञ्जार !
वही मधु-गलित पुष्प - संसार !

जगत-उर की गत अभिलाषा
शिथिल तन्त्री की सोयी तान,
दूर विस्मृति की मृत भाषा
चिता की चिरता का आह्वान;

जगाने में है क्या आनन्द ?
श्रृंखलित गाने में क्या छन्द ?

मुँदी जो छवि चलते दिन को
शयन - मृदु नयनों में सुकुमार,
मलिन जीवन - सन्ध्या जिनकी
हो रही हो विस्मृति में पार;

चित्र वह स्वप्नों में क्यों खींच,
सुरा उसमें देती हो सींच ?

छिपी जो छवि, छिप जाने दो
खोलते हुए तुम्हें क्यों चाव ?
दुखद वह झलक न आने दो
हमें खेने भी तो दो नाव ?

हुए क्रमशः दुर्बल ये हाथ,
दूसरे और न कोई साथ !

बँधे जीवों की बन माया
फेरती फिरती हो दिन - रात,
दुःख-सुख के स्वर की काया
सुनाती है पूर्व - श्रुत बात;

जीर्ण जीवन का दृढ़ संस्कार,
चलाता फिर नूतन संसार ?

यही तो है जग का कम्पन
अचलता में सुस्पन्दित प्राण,
अहंकृति में झंकृति—जीवन
सरस अभिराम पतन-उत्थान;

दया-भय-हर्ष, क्रोध - अभिमान,
दुःख - सुख - तृष्णा-ज्ञानाज्ञान।

रश्मि से दिनकर की सुन्दर
अन्ध-वारिद-उर में तुम आप,
तूलिका से अपनी रचकर
खोल देती हो हर्षित चाप;

उगा नव आशा का संसार,
चकित छिप जाती हो उस पार !

पवन में छिपकर तुम प्रतिपल
पल्लवों में भर मृदुल हिलोर,
चूम कलियों के मुद्रित दल
पत्र छिद्रों में गा निशि-भोर;

विश्व के अन्तस्तल में चाह,
जगा दती हो तड़ित-प्रवाह !

खण्ड : दो

भर देते हो !

भर देते हो
बार-बार प्रिय, करुणा की किरणों से
क्षुब्ध हृदय को पुलकित कर देते हो।

मेरे अन्तर में आते हो देव निरन्तर,
कर जाते हो व्यथा - भार लघु
बार-बार कर-कञ्ज बढ़ाकर;
अन्धकार में मेरा रोदन
सिक्त धरा के अञ्चल को
करता है क्षण-क्षण—

कुसुम-कपोलों पर वे लोल शिशिर-कण;
तुम किरणों से अश्रु पोंछ लेते हो,
नव प्रभात जीवन में भर देते हो।

स्वागत

कितने ही विघ्नों का जाल
जटिल, अगम, विस्तृत पथ पर विकराल;
कण्टक, कर्दम, भय-श्रम-निर्मम कितने शूल;
हिंस्र निशाचर, भूधर, कन्दर पशु-संकुल
पथ घन-तम, अगम अकूल—
पार—पार करके आये, हे नूतन!
सार्थक जीवन ले आये
श्रम-कण में बन्धु, सफल-श्रम !
सिर पर कितना गरजे
वज्र-बादल,
उपल-वृष्टि, फिर शीत घोर, फिर ग्रीष्म प्रबल।
साधक, मन के निश्चल,
पथ के सचल,
प्रतिज्ञा के हे अचल अटल !
पथ पूरा करके आये तुम,
स्वागत ऐ प्रिय-दर्शन,
आये, नव-जीवन भर लाये !

ध्वनि

अभी न होगा मेरा अन्त।
अभी - अभी ही तो आया है
मेरे वन में मृदुल वसन्त—
अभी न होगा मेरा अन्त।

हरे - हरे ये पात,
डालियाँ, कलियाँ कोमल गात।
मैं ही अपना स्वप्न-मृदुल-कर
फेरूँगा निद्रित कलियों पर
जगा एक प्रत्यूष मनोहर।

पुष्प-पुष्प से तन्द्रालस लालसा खींच लूँगा मैं,
अपने नव-जीवन का अमृत सहर्ष सींच दूँगा मैं,

द्वार दिखा दूँगा फिर उनको
हैं मेरे वे जहाँ अनन्त—
अभी न होगा मेरा अन्त।

मेरे जीवन का यह है जब प्रथम चरण,
इसमें कहाँ मृत्यु
है जीवन ही जीवन।

अभी पड़ा है आगे सारा यौवन;
स्वर्ण-किरण-कल्लोलों पर बहता रे यह बालक-मन;

मेरे ही अविकसित राग से
विकसित होगा बन्धु दिगन्त—
अभी न होगा मेरा अन्त।

उसकी स्मृति

मृदु सुगन्ध-सी कोमल दल फूलों की;
शशि-किरणों की-सी वह प्यारी मुसकान।
स्वच्छन्द गगन-सी मुक्त, वायु-सी चञ्चल;
खोयी स्मृति की फिर आयी-सी पहचान।

लघु लहरों की-सी चपल चाल वह चलती,
अपने ही मन से वह निर्जन वन की ओर।
चकित हुई चितवन वह मानो कहती—
मैं ढूंढ़ रही हूँ उस अजान का छोर।

बन्द पवन के झोंकों से लहराते काले बाल
कवियों के मानस की मृदुल कल्पना के-से जाल,

वह विचर रही थी मानस की प्रतिमा-सी
उतरी इस जगती - तल में,
वन के फूलों को चुनकर बड़े चाव से
रखती थी लघु अञ्चल में।

यों उस सरलता-लता में
सब फूल आप लग जाते,
अनुपम शोभा पर उसकी
कितने न भँवर मँडराते।

उसके गुण गानेवाले
खग जीते थे मृदु उड़कर,
मधु के, मद के प्यासों के
पर उसने कतरे थे पर।

क्या जाने उसने किसको पहनायी थी
अपने फूलों की अपनी सुन्दर माला,
क्या जाने किसके लिए यहाँ आयी थी
वह सुर-सरिता-सैकत-सी गोरी बाला !

वह भटक रही थी वन में मारी-मारी
था मिला उसे क्या उसका वही अनन्त ?
वह कली सदा को चली गयी दुनिया से,
पर सौरभ से है पूरित आज दिगन्त !

अधिवास

कहाँ—
मेरा अधिवास कहाँ ?

क्या कहा ?—रुकती है गति जहाँ ?
भला इस गति का शेष
सम्भव है क्या,
करुण स्वर का जब तक मुझमें रहता है आवेश ?

मैंने 'मैं' - शैली अपनायी,
देखा दुखी एक निज भाई
दुख की छाया पड़ी हृदय में मेरे,
झट उमड़ वेदना आयी।

उसके निकट गया मैं धाय,
लगाया उसे गले से हाय !
फँसा माया में हूँ निरुपाय,
कहो, कैसे फिर गति रुक जाय ?

उसकी अश्रु-भरी आँखों पर मेरे करुणाञ्चल का स्पर्श
करता मेरी प्रगति अनन्त, किन्तु तो भी मैं नहीं विमर्ष;
छूटता है यद्यपि अधिवास,
किन्तु फिर भी न मुझे कुछ त्रास।

विधवा

यह इष्टदेव के मन्दिर की पूजा-सी
वह दीप-शिखा-सी शान्त, भाव में लीन,
वह क्रूर काल-ताण्डव की स्मृति-रेखा-सी
वह टूटे तरु की छुटी लता-सी दीन—
दलित भारत की ही विधवा है।

षड् - ऋतुओं का शृंङ्गार,
कुसुमित कानन में नीरव-पद-सञ्चार,
अमर कल्पना में स्वच्छन्द विहार—
व्यथा की भूली हुई कथा
उसका एक स्वप्न अथवा है।

उसके मधु - सुहाग का दर्पण,
जिसमें देखा था उसने
बस एक बार बिम्बित अपना जीवन-धन,
अबल हाथों का एक सहारा—
लक्ष्य जीवन का प्यारा—वह ध्रुवतारा—
दूर हुआ वह; बहा रहा है
उस अनन्त पथ से करुणा की धारा।

हैं करुणा-रस से पुलकित इसकी आँखें,
देखा, तो भीगी मन-मधुकर की पाँखें;

मृदु रसावेश में निकला जो गुञ्जार !
यह और न था कुछ, था बस हाहाकार !

उस करुणा की सरिता के मलिन पुलिन पर,
लघु टूटी हुई कुटी का मौन बढ़ाकर,
अति छिन्न हुए भीगे अञ्चल में मन को
दुख-रूखे सूखे अधर—त्रस्त चितवन को
वह दुनिया की नजरों से दूर बचाकर,
रोती है अस्फुट स्वर में;
दुख सुनता है आकाश धीर,—
निश्चल समीर,
सरिता की वे लहरें भी ठहर-ठहरकर।

कौन उसको धीरज दे सके ?
दुःख का भार कौन ले सके ?

यह दुःख वह, जिसका नहीं कुछ छोर है,
दैव अत्याचार कैसा घोर और कठोर है !
क्या कभी पोंछे किसी के अश्रु-जल ?
या किया करते रहे सबको विकल ?
ओस - कण-सा पल्लवों से झर गया
जो अश्रु, भारत का उसी से सर गया।

पहचाना ?

पहचाना—अब पहचाना—
हाँ, उस कानन में खिले हुए तुम
चूम रहे थे झूम-झूम
ऊषा के स्वर्ण कपोल,
अठखेलियाँ तुम्हारी प्यारी-प्यारी—
व्यक्त इशारे से ही सारे बोल मधुर अनमोल।
सजे-बजे करते थे सबका स्वागत,
घूँघट का पट खोल दिखाते उस प्रकृति का मुखड़ा,
जिसे समझते थे अभ्यागत।
तुम्हारा इतना हृदय उदार
व' क्या समझेगा माली निष्ठुर—
निरा गँवार—

स्वार्थ का मारा यहाँ भटकता—
फूटी कौड़ी पर विनोदमय
जीवन सदा पटकता—
तोड़ लिया लचकायी ज्यों ही डाली,
पत्थर से भी कठिन कलेजे का है
चला गया जो वह हत्यारा माली।

कविता

शिला-खण्ड पर बैठी वह,
नीलाञ्चल मृदु लहराता था—
मुक्त-बन्ध सन्ध्या-समीर-सुन्दरी-सङ्ग
कुछ चुप-चुप बातें करता जाता
और मुस्कुराता था।

विकसित असित सुवासित उड़ते उसके
कुञ्चित कच गोरे कपोल छू-छूकर—
लिपट उरोजों से भी वे जाते थे,
थपकी एक मारकर बड़े प्रेम से इठलाते थे;
शिशिर-विन्दु रस-सिन्धु बहाता सुन्दर,
अङ्गना-अङ्ग पर गगनाङ्गन ले गिरकर।

यह कविता ही थी और साज था
उसका बस शृङ्गार—
वीणा के वे तार नहीं जो बजते,
वह कवि की ही थी हार,
जहाँ से उठती करुण पुकार—
"चित्रित करने के उपाय तो किये
व्यर्थ हो गये किन्तु उपचार!"

भरा हुआ था हृदय प्यार से उसका,
उस कविता का,
वह थी निश्छल, अविकार,
अङ्ग-अङ्ग से उठीं तरङ्गें उसके,
वे पहुँचीं कवि के पास, कहा—
"तुम चलो, बुलाया है उसने जल्दी
तुमको उस पार।"

भिक्षुक

वह आता—
दो टूक कलेजे के करता पछताता
पथ पर आता।

पेट-पीठ दोनों मिलकर हैं एक,
चल रहा लकुटिया टेक,
मुट्ठी-भर दाने को—भूख मिटाने को
मुँह फटी पुरानी झोली का फैलाता—
दो टूक कलेजे के करता पछताता पथ पर आता।

साथ दो बच्चे भी हैं सदा हाथ फैलाये,
बायें से वे मलते हुए पेट को चलते,
और दाहिना दया-दृष्टि पाने की ओर बढ़ाये।
भूख से सूख ओठ जब जाते
दाता—भाग्य-विधाता से क्या पाते?—
घूँट आँसुओं के पीकर रह जाते।
चाट रहे जूठी पत्तल वे सभी सड़क पर खड़े हुए,
और झपट लेने को उनसे कुत्ते भी हैं अड़े हुए!

सन्ध्या-सुन्दरी

दिवसावसान का समय
मेघमय आसमान से उतर रही है
वह सन्ध्या-सुन्दरी परी-सी
धीरे-धीरे-धीरे,
तिमिराञ्चल में चञ्चलता का नहीं कहीं आभास,
मधुर-मधुर हैं दोनों उसके अधर,
किन्तु गम्भीर—नहीं है उनमें हास-विलास।

हँसता है तो केवल तारा एक
गुँथा हुआ उन घुँघराले काले बालों से,
हृदय-राज्य की रानी का वह करता है अभिषेक।

अलसता की-सी लता
किन्तु कोमलता की वह कली,
सखी नीरवता के कन्धे पर डाले बाँह,
छाँह-सी अम्बर-पथ से चली।

नहीं बजती उसके हाथों में कोई वीणा,
नहीं होता कोई अनुराग-राग-आलाप,
नूपुरों में की रुन-झुन रुन-झुन रुन-झुन नहीं,
सिर्फ एक अव्यक्त शब्द-सा "चुप-चुप-चुप"

है गूँज रहा सब कहीं—
व्योममण्डल में—जगती-तल में—
सोती शान्त सरोवर पर उस अमर कमलिनी-दल में—
सौन्दर्य-गर्विता-सरिता के अति विस्तृत वक्षःस्थल में—
धीर वीर गम्भीर शिखर पर हिमगिरि-अटल-अचल में—
उत्ताल-तरंगाघात-प्रलय-घन-गर्जन-जलधि-प्रबल में—
क्षिति में—जल में—नभ में—अनिल-अनल में—
सिर्फ एक अव्यक्त शब्द-सा "चुप-चुप-चुप"
है गूँज रहा सब कहीं—
और क्या है ? कुछ नहीं ।

मदिरा की वह नदी बहाती आती,
थके हुए जीवों को वह सस्नेह
प्याला वह एक पिलाती,
सुलाती उन्हें अंक पर अपने
दिखलाती फिर विस्मृति के वह कितने मीठे सपने ।

अर्द्धरात्रि की निश्चलता में हो जाती है वह लीन,
कवि का बढ़ जाता अनुराग,
विरहाकुल कमनीय कण्ठ से
आप निकल पड़ता तब एक विहाग ।

गीत

दृगों की कलियाँ नवल खुलीं।
रूप - इन्दु से, सुधा - बिन्दु लह,
रह-रह और तुलीं।

प्रणय-श्वास के मलय-स्पर्श से,
हिल-हिल हँसतीं चपल हर्ष से;
ज्योति-तप्त-मुख तरुण वर्ष के
कर से प्रखर धुलीं।

नहा स्नेह का सजल सरोवर,
श्वेत-वसन लौटीं सलाज घर;
अलख-सखा के ध्यान-लक्ष्य पर
डूबीं अमल घुलीं।

शरत्पूर्णिमा की बिदाई

बदी बिदाई में भी अच्छी होड़ !

शरत् ! चाँद यह तेरा मृदु मुखड़ा ?—
अथवा विजय-मुकुट पर तेरे, ऐ ऋतुओं की रानी,
हीरा है यह जड़ा ?
कुछ भी हो, तू ठहर, देख लूँ भर नजर,
क्या जाने फिर क्या हो, इस जीवन का,
तू ठहर—ठहर !

तार चढ़ाये तो मैंने कस-कसकर,
पर हाय भाग्य, क्या गाऊँ ?
कभी रूठकर और कभी हँस-हँसकर,
क्यों कहती है—"क्या जाऊँ ? क्या अब जाऊँ ?"
अगर तुझे जाना था,
तो भरे हुए अंगों से रस छलकाना—
क्या रोज के लिए तुझे आना था ?

तेरे आने से, देख, क्या छटा छायी है इस वन में—
सोते हुए विहंगों के कानन में,
चौंक-चौंककर और फैल जाता है निर्जन भाव,
पपीहे के "पिउ-पिउ" कूजन में।

उधर मालती की चटकी जो कली,
चाँदनी ने झट चूमे उसके गोल कपोल,
और कहा, "बस बहन, तुम्हारी सूरत कैसी भोली !"
कहा कली ने, "हाँ, और हों ऐसे मीठे बोल !"

मन्द तरंगों की यमुना का काला-काला रंग,
और गोद पर उसकी ये सोते हैं कितने तारे—
कैसे प्यारे-प्यारे,
सातो ऋषियों की समाधि गम्भोर,
गाती यमुना, तुझे सुनाती, धीरे-धीरे-धीरे,
कलकल कुलकुल कलकल टलमल-टलमल।
तेरे मुख-विकसित-सरोज का प्रेमी एक अनन्त,
किन्तु देर अब क्या है सखि ?—
कल आता है हेमन्त, साथ ही अन्त।

तुझे देखकर मुझे याद आयी है,
वह एक और प्यारा मुख, वह कितना सुख !
और बिदाई की वह मीठी चितवन—
बस ऐसी ही अति नम्र और अनुकूल—
जिसने हृदय बेध डाला है—
साथ ही उसी के चला गया है यह मन—
उसकी फुलवाड़ी का फूल
जो माला-भर में आला है।

अञ्जलि

बन्द तुम्हारा द्वार !
मेरे सुहाग शृंगार !
द्वार यह खोलो—!
सुनी भी मेरी करुण पुकार ?
जरा कुछ बोलो !
स्नेह-रत्न, मैं बड़े यत्न से आज
कुसुमित कुञ्ज-द्रुमों से सौरभ-साज
सञ्चित कर लायी, पर कब से वञ्चित !
तुम ले लो, प्रिय, ले लो, ले लो—यह हार नहीं,
यह नहीं प्यार का मेरे
कोई अमूल्य उपहार,
नहीं कहीं भी इसमें आया
मेरा नाम-निशान,
और मुझे क्यों होगा भी अभिमान ?
पर नहीं जानती, अगर सुमन-मन-मध्य
समायी भी हो मेरी लाज,
माला के पड़ते ही वीर, हृदय पर,
छीने तुमसे मेरा राज ।
विश्व-मनोरथ-पथ का मेरे प्रियतम,
बन्द किया क्यों द्वार ?
सोते हुए देखते हो तुम स्वप्न ?—

या नन्दन-वन के परिजात-दल लेकर
तुम गूंथ रहे हो और किसी का हार ?
उस विहार में पड़े हुए तुम मेरा
यों करते हो परिहार।
बिछे हुए थे काँटे उन गलियों में,
जिनसे मैं चलकर आयी—
पैरों में छिद जाते जब,
आह मार मैं तुम्हें याद करती तब,
राह प्रीति की अपनी—वही कण्टकाकीर्ण,
अब मैं तै कर पायी।
पड़ी अँधेरे के घेरे में कब से
खड़ी संकुचित है कमलिनी तुम्हारी,
मन के दिनमणि, प्रेम-प्रकाश !
उदित हो, आओ, हाथ बढ़ाओ,
उसे खिलाओ, खोलो प्रियतम द्वार,
पहन लो उसका यह उपहार,
मृदु-गन्ध परागों से उसके तुम कर दो
सुरभित प्रेम-हरित स्वच्छन्द
द्वेष-विष-जर्जर यह संसार।

दीन

सह जाते हो
उत्पीड़न की क्रीड़ा सदा निरंकुश नग्न,
हृदय तुम्हारा दुर्बल होता भग्न,
अन्तिम आशा के कानों में
स्पन्दित हम-सबके प्राणों में
अपने उर की तप्त व्यथाएँ,
क्षीण कण्ठ की करुण कथाएँ
कह जाते हो
और जगत् की ओर ताककर
दुःख, हृदय का क्षोभ त्यागकर,
सह जाते हो।
कह जाते हो—
"यहाँ कभी मत आना,
उत्पीड़न का राज्य दुःख-ही-दुःख
यहाँ है सदा उठाना,
क्रूर यहाँ पर कहलाता है शूर,
और हृदय का शूर सदा ही दुर्बल क्रूर;
स्वार्थ सदा ही रहता परार्थ से दूर,
यहाँ परार्थ वही, जो रहे
स्वार्थ से हो भरपूर;
जगत् की निद्रा, है जागरण,

और जागरण जगत् का—इस संसृति का
अन्त—विराम—मरण
अविराम घात—आघात,
आह ! उत्पात !
यही जग-जीवन के दिन-रात ।
यही मेरा, इनका, उनका, सबका स्पन्दन,
हास्य से मिला हुआ क्रन्दन ।
यही मेरा, इनका, उनका, सबका जीवन,
दिवस का किरणोज्ज्वल उत्थान,
रात्रि की सुप्ति, पतन;
दिवस की कर्म-कुटिल तम-भ्रान्ति,
रात्रि का मोह, स्वप्न भी भ्रान्ति,
सदा अशान्ति !"

धारा

बहने दो,
रोक-टोक से कभी नहीं रुकती है,
यौवन-मद की बाढ़ नदी की
किसे देख झुकती है ?

गरज-गरज वह क्या कहती है, कहने दो—
अपनी इच्छा से प्रबल वेग से बहने दो।
सुना, रोकने उसे कभी कुंजर आया था,
दशा हुई फिर क्या उसकी ?—
फल क्या पाया था ?

तिनका-जैसा मारा-मारा
फिरा तरंगों में बेचारा—
गर्व गँवाया—हारा;
अगर हठ-वश आओगे,
दुर्दशा करवाओगे—बह जाओगे।

देखते नहीं ?—वेग से हहराती है—
नग्न प्रलय का-सा ताण्डव हो रहा—
चाल कैसी मतवाली—लहराती है।
प्रकृति को देख, मींचती आँखें,
त्रस्त खड़ी है—थर्राती है।

आज हो गये ढीले सारे बन्धन,
मुक्त हो गये प्राण,
रुका है सारा करुणा-क्रन्दन।

बहती कैसी पागल उसकी धारा !
हाथ जोड़कर खड़ा देखता दीन
विश्व यह सारा।

बड़े दम्भ से खड़े हुए ये भूधर
समझे थे जिसे बालिका,
आज ढहाते शिला-खण्ड-चय देख
काँपते थर-थर—
उपल-खण्ड नर-मुण्ड-मालिनी कहते उसे कालिका।

छुटी लट इधर-उधर लटकी हैं,
श्याम वक्ष पर खेल रही हैं
स्वर्ण-किरण-रेखाएँ।
एक पर दृष्टि जरा अटकी है,
देखा, एक कली चटकी है।

लहरों पर लहरों का चंचल नाच,
याद नहीं थी, करनी उसकी जाँच,
अगर पूछता कोई तो वह कहती,
उसी तरह हँसती पागल-सी बहती—
"यह जीवन की प्रबल उमंग,
जा रही मैं मिलने के लिए,
पार कर सीमा,
प्रियतम असीम के संग।"

आवाहन

एक बार बस और नाच तू श्यामा !

सामान सभी तैयार,
कितने ही हैं असुर, चाहिए कितने तुझको हार ?
कर-मेखला मुण्ड-मालाओं से बन मन-अभिरामा—
एक बार बस और नाच तू श्यामा !

भैरवी ! भेरी तेरी झंझा
तभी बजेगी मृत्यु लड़ायेगी जब तुझसे पंजा;
लेगी खड्ग और तू खप्पर,
उसमें रुधिर भरूँगा मा
मैं अपनी अञ्जलि भर-भर;
उँगली के पोरों में दिन गिनता ही जाऊँ क्या मा—
एक बार बस और नाच तू श्यामा !

अट्टहास-उल्लास नृत्य का होगा जब आनन्द,
विश्व की इस वीणा के टूटेंगे सब तार,
बन्द हो जायेंगे ये सारे कोमल छन्द,
सिन्धु-राग का होगा तब आलाप—
उत्ताल-तरंग-भंग कह देंगे
मा, मृदंग के सुस्वर क्रिया-कलाप;

और देखूँगा देते ताल
कर-तल-पल्लव-दल से निर्जन वन के सभी तमाल;
निर्झर के झर-झर स्वर में तू सरगम मुझे सुना मा—
एक बार बस और नाच तू श्यामा !

वन-कुसुमों की शैय्या

त्रस्त विश्व की आँखों से बह-बहकर,
धूलि-धूसरित धोकर उसके चिन्तालोल कपोल,
श्वास और उच्छ्वासों की आवेग-भरी हिचकी से
दलित हृदय की रुद्ध अर्गला खोल—
धीर करुण ध्वनि से वह अपनी कथा व्यथा की कहकर
धारा भरती धराधाम के दुःख-अश्रु का सागर।

दाह-तपन-उत्तप्त दुःख-सागर-जल खौल उठा
फिर बना वाष्प का काला बादल,
बरसाया जब मेह, धरा की
सारी ज्वाला कर दी शीतल।

किन्तु आह फिर भी क्या होती शान्त ?
नहीं, जले दिल को तो ठण्डक और चाहिए—
और चाहिए कुसुमित दिल का प्रान्त,
मदिर नयन—वे अर्द्ध-निमीलित लोचन।
वन-कुसुमों की शैय्या पर एकान्त।

सोती हुई सरोज-अंक पर
शरत्-शिशिर दोनों बहनों के
सुख-विलास-मद-शिथिल अंक पर

पद्म-पत्र पंखे झलते थे,
मलती थी कर-चरण-समीरण धीरे-धीरे आती—
नींद उचट जाने के भय से थी कुछ-कुछ घबराती।

बड़ी बहन वर्षा ने उन्हें जगाया—
अन्तिम झोंका बड़े जोर से एक,
किन्तु क्रोध से नहीं, प्यार से,
अमल-कमल-मुख देख,
झुक हँसते हुए लगाया—सोते से उन्हें उठाया।

वे उठीं, सेज मुरझायी,
एक-दूसरी का थीं पकड़े हाथ,
और दोनों का ऐसा ही था अविचल साथ;
कभी-कभी वे लेती थीं अँगड़ाई,
क्योंकि नींद वह उचटी,
थी मदमाती आँखों में उनकी छायी।

रस की बूँदें बन, उस नीले अम्बर से
वे टपक पड़ीं, लोगों की नजर बचाकर,
हरसिंगार की कोमल-दल कलियों पर।

सुबह को बिछी हुई शैय्या का देखा जब ऐसा शृंगार,
पूछा, "क्या है ?"
"इस निर्जन में दीनों का ही होता होता सदा विहार।"
छिपे अंचल में मुख की चंचल
वह वाणी थी उसके सुहाग की प्रेममयी रानी की—
दुख में सुख लानेवाली कल्याणी की।

रास्ते के फूल से

झोली करुणा की भिक्षा की,
दलित कुसुम ! क्यों कहो,
धूलि में नजर गड़ाये हो फैलाये !
मलिन दृष्टि के भाषा-हीन भाव से—
मर्मस्पर्शी देश-राग के-से प्रभाव से
क्या तुम बतलाते हो
जब किसी पथिक को इधर कभी आते-जाते पाते हो !
क्या कहते हो !—"झटिका के
झोंके में तरु था झुका,
बचने पर भी, हाय, अन्त तक न रुका।
खिन्न लतिका को करके छिन्न,
आँधी मुझे उड़ा लायी है
तब से यह नौबत आयी है !"
यह नहीं ! कहो फिर—फिर क्या !—
"ढके हृदय में स्वार्थ लगाये ऊपर चन्दन,
करते समय नदीश-नन्दिनी का अभिनन्दन,
तुम्हें चढ़ाया कभी किसी ने था देवी पर,
दिन-भर में मुरझाये,
रूप-सुवास-रंग चरणों पर यद्यपि अर्पित कर पाये,
किन्तु देखकर तुम्हें जरा से जर्जर,
फेंक दिया पृथ्वी पर तुमको

रक्खे हुए हृदय में अपने उस निर्दय ने पत्थर ?"
नहीं ? तो क्यों दुख से घिरते हो ?
मारे-मारे इधर-उधर फिरते हो ?
क्या कहते हो ?—"बीत गयी वह रात—
सिद्धि की मधुर दृष्टि का
युगल-मिलन पर प्रेम-पूर्ण सम्पात,
जब दो साधक थे प्रीति-साधना-तत्पर,
प्रीति-अर्चना की रचना मुझसे की थी सुन्दर,
रस्में अदा हुई थीं मुझसे—
मैं ही था उनका आचार्य,
कोमल कर था मिला कमल-कर से जब
सिद्ध हुआ मुझसे ही उसका कार्य;
प्रेम-बन्ध का मैं ही था सम्बन्ध—
'ललित कल्पना'—'कोमल पद' का
मैं था 'मनहर' छन्द !"

स्वप्न-स्मृति

आँख लगी थी पल-भर,
देखा, नेत्र छलछलाये दो
आये आगे किसी अजाने दूर देश से चलकर।
मौन भाषा थी उनकी, किन्तु व्यक्त था भाव,
एक अव्यक्त प्रभाव।

छोड़ते थे करुणा का अन्तस्थल में क्षीण,
सुकुमार लता के वाताहत मृदु छिन्न पुष्प-से दीन।
भीतर नग्न रूप था घोर दमन का,
बाहर अचल धैर्य था उनके उस दुखमय जीवन का;
भीतर ज्वाला धधक रही थी सिन्धु अनल की,
बाहर थीं दो बूंदें—पर थीं शान्त भाव में निश्चल—
विकल जलधि के जर्जर मर्मस्थल की।

भाव में कहते थे वे नेत्र निमेष-विहीन—
अन्तिम श्वास छोड़ते जैसे थोड़े जल में मीन—
"हम अब न रहेंगे यहाँ, आह संसार !
मृगतृष्णा से व्यर्थ भटकना, केवल हाहाकार
तुम्हारा एकमात्र आधार;
हमें दुःख से मुक्ति मिलेगी—हम इतने दुर्बल हैं—
तुम कर दो एक प्रहार !"

बहू

सौन्दर्य-सरोवर की वह एक तरङ्ग,
किन्तु नहीं चञ्चल प्रवाह—उद्दाम वेग—
संकुचित एक लज्जित गति है वह
प्रिय समीर के सङ्ग।

वह नव-वसन्त की किसलय-कोमल लता,
किसी विटप के आश्रय में मुकुलिता
किन्तु अवनता।

उसके खिले कुसुम-सम्भार
विटप के गर्वोन्नत वक्षःस्थल पर सुकुमार,
मोतियों की मानो है लड़ी
विजय के वीर हृदय पर पड़ी।

उसे सर्वस्व दिया है
इस जीवन के लिए हृदय से जिसे लपेट लिया है।
वह है चिरकालिक बन्धन,
पर है सोने की जंजीर,
उसी से बाँध लिया करती मन,
करती किन्तु न कभी अधीर।

पुष्प है उसका अनुपम रूप,
कान्ति सुषमा है,
मनोमोहिनी है वह मनोरमा है,
जलती अन्धकारमय जीवन की वह एक शमा है।

वह है सुहाग की रानी,
भावमग्न कवि की वह एक मुखरता-वर्जित वाणी।
सरलता ही से उसकी होती मनोरञ्जना,
नीरवता ही करती उसकी पूरी भाव-व्यञ्जना।

अगर कहीं चञ्चलता का प्रभाव कुछ उस पर देखा
तो थी वह प्रियतम के आगे मृदु स्निग्ध हास्य की रेखा
विना अर्थ की—एक प्रेम ही अर्थ—और निष्काम
मधुर बहाती हुई शान्ति-सुख की धारा अविराम।

उसमें कोई चाह नहीं है
विषय-वासना तुच्छ, उसे कोई परवाह नहीं है।

उसकी साधना
केवल निज सरोज-मुख पति को ताकना।

रहें देखते प्रिय को उसके नेत्र निमेष-विहीन,
मधुर भाव की इस पूजा में ही वह रहती लीन।

यौवन-उपवन का पति वसन्त,
है वही प्रेम उसका अनन्त,
है वही प्रेम का एक अन्त।

खुलकर अति प्रिय नीरव भाषा ठण्डी उस चितवन से
क्या जाने क्या कह जाती है अपने जीवन-धन से ?

विफल-वासना

गूँथे तप्त अश्रुओं के मैंने कितने ही हार
बैठी हुई पुरातन स्मृति की मलिन गोद पर प्रियतम !
रुद्ध द्वार पर रक्खे थे मैंने कितने ही बार
अपने वे उपहार कृपा के लिए तुम्हारी अनुपम !
मेरे दग्ध हृदय का ही था ताप
प्रभाकर की उन प्रखर किरणों में,
नूपुर-सी मैं बजी तुम्हारे लिए
तुम्हारी अनुरागिनियों के निष्ठुर चरणों में।
हँसता हुआ कभी आया जब
वन में ललित वसन्त,
तरुण विटप सब हुए, लताएँ तरुणी,
और पुरातन पल्लव-दल का
शाखाओं से अन्त,
जब बढ़ीं अर्घ्य देने को तुमको
हँसतीं वे वल्लरियाँ,
लिए हरे अञ्चल में अपने फूल,
एक प्रान्त में खड़ी हुई मैं,
देख रही थी स्वागत,
चुभते पर हाय नाथ !
मर्मस्थल में जो शूल,
तुम्हें कैसे प्रिय, बतलाऊँ मैं ?

कैसे दुख-गाथा गाऊँ मैं ?
छिन्न प्रकृति के निर्दय आघातों से हो जाते हैं
जो पुष्प, नहीं कहते कुछ, केवल रो जाते हैं;
वे अपना यौवन-पराग-मधु खो जाते हैं,
अन्तिम श्वास छोड़ पृथ्वी पर सो जाते हैं !
वैसे ही मैंने अपना सर्वस्व गँवाया।
रूप और यौवन चिन्ता में पर क्या पाया ?
प्रेम ? हाय आशा का वह भी स्वप्न एक था
विफल-हृदय तो आज दुःख-ही-दुःख देखता ?
तुम्हें कहूँ मैं, कहो, प्रेममय
अथवा दुख के देव, सदा ही निर्दय ?

विस्मृत-भोर

जीवन की गति कुटिल अन्ध-तम-जाल;
फँस जाता हूँ, तुम्हें नहीं पाता हूँ प्रिय,
आता हूँ पीछे डाल—
रश्मि-चमत्कृत स्वर्णालंकृत नवल प्रभात,
पुलकाकुल अलि-मुकुल विपुल हिलते तरु-पात,
वह सर्वत्र व्याप्त जीवन से
अलक-विचुम्बित सुखकर बात,
जगमग जग में पग-पग एक निरञ्जन आशीर्वाद,
जहाँ नहीं कोई भय-बाधा, कोई वाद-विवाद,
बढ़ जाता
प्रति-श्वास-शब्द-गति से उस ओर,
जहाँ हाय, केवल श्रम, केवल श्रम,
केवल श्रम, कर्म कठोर—
कुछ हा प्राप्ति, अधिक आशा का
कुटिल अधीर अशान्त मरोर,
केवल अन्धकार, करना वन पार
जहाँ केवल श्रम घोर।
स्वप्न प्रबल विज्ञान, धर्म, दर्शन,
तम-सुप्ति शान्ति, हा भोर
कहाँ जहाँ आशाओं ही की
अन्तहीन अविराम हिलोर ?

मेरी चाहें वदल रहीं नित आहों में
क्या चाहूँ और ?
मुझे फेर दो प्रभो, हेर दो
इन नयनों में भूला भोर !

प्रपात के प्रति

अचल के चंचल क्षुद्र प्रपात !
मचलते हुए निकल आते हो;
उज्ज्वल ! घन-वन-अन्धकार के साथ
खेलते हो क्यों ? क्या पाते हो ?
अन्धकार पर इतना प्यार,
क्या जाने यह बालक का अविचार
बुद्ध का या कि साम्य-व्यवहार !
तुम्हारा करता है गतिरोध
पिता का कोई दूत अबोध—
किसी पत्थर से टकराते हो
फिरकर जरा ठहर जाते हो;
उसे जब लेते हो पहचान—
समझ जाते हो उस जड़ का सारा अज्ञान,
फूट पड़ती है ओठों पर तब मृदु मुस्कान;
बस अजान की ओर इशारा करके चल देते हो,
भर जाते हो उसके अन्तर में तुम अपनी तान।

सिर्फ़ एक उन्माद

सिर्फ़ एक उन्माद;
न था वह यौवन का अनुराग
किन्तु यौवन ही-सा उच्छृंखल,
न चंचल शिशुता का अवसाद

किन्तु शिशु ही-सा था वह चंचल;
न कोई पाया उसमें राग
जिसे गाते जीवन-भर,
न कोई ऐसा तीव्र विराग

जिसे पा कहीं भूलते अपनापन यह क्षण-भर।
अपने लिए घोर उत्पीड़न,
किन्तु क्रीड़ानक था लोगों के लिए,
पक्षी का-सा जीवन

हँसमुख किन्तु ममत्वहीन निर्दय बालों के लिए,
निरलङ्कार कवित्व अनर्गल
किसी महाकवि-कलित-कण्ठ से
झरता था जैसे अविराम कुसुम-दल।

अपवाद गूँथता था, पर दूर,
क्योंकि उसे कब फुर्सत—सुनता ?—था वह चूर।
न देखा उसमें कभी विषाद,
देखा सिर्फ़ एक उन्माद।

कण

तुम हो अखिल विश्व में
या यह अखिल विश्व है तुममें,
अथवा अखिल विश्व तुम एक
यद्यपि देख रहा हूँ तुममें भेद अनेक ?
बिंदु ! विश्व के तुम कारण हो
या यह विश्व तुम्हारा कारण ?
कार्य पंचभूतात्मक तुम हो
या कि तुम्हारे कार्य भूतगण ?
आवर्तन-परिवर्तन के तुम नायक नीति-निधान
परिवर्तन ही या कि तुम्हारा
भाग्य-विधायक है बलवान ?
पाया हाय न अब तक इसका भेद,
सुलझी नहीं ग्रन्थि मेरी, कुछ मिटा न खेद !
कभी देखता अट्टालिका-विनोद मोद में
बैठे महाराज तुम दिव्य शरीर,
कभी देखता, मार्ग-मृत्तिका-मलिन गोद में
हो कहराते व्याधि-विशीर्ण अधीर;
कभी परागों में फुर-फुर उड़ते हो,
और कभी आँधी में पड़ कुढ़ते हो
क्या जाने क्यों कभी हास्यमय
और कभी जब आता असमय

क्यों भरते दुःख नीर !
ताक रहे आकाश,
बीत गये कितने दिन—कितने मास !
विरह-विधुर उर में न मधुर आवेश,
केवल शेष
क्षीण हुए अन्तर में है आभास,
प्रिय-दर्शन की प्यास
ताक रहे आकाश,
बीत गये कितने दिन---कितने मास !
पड़े हुए सहते हो अत्याचार
पद-पद पर सदियों के पद-प्रहार
बदले में, पद में कोमलता लाते,
किन्तु हाय, वे तुम्हें नीच ही हैं कह जाते !
तुम्हें नहीं अभिमान,
छूटे कहीं न प्रिय का ध्यान,
इससे सदा मौन रहते हो,
क्यों रज, विरज के लिए ही इतना सहते हो ?

आग्रह

माँ, मुझे वहाँ तू ले चल !

देखूंगा वह द्वार—
दिवस का पार—
मूर्छित हुआ पड़ा है जहाँ
वेदना का संसार !
वेदना का संसार,
करती है तटिनी तरणी से छल-बल—
मुझे वहाँ तू ले चल !

उतर रही है लिये हाथ में प्यारा तारा-दीप
उस अरण्य में बढ़ा रही है पैर सभीत,
बता, कौन वह ?
किसका है वह अन्धकार का अञ्चल—
मुझे वहाँ तू ले चल !

बादल-राग

१

झूम-झूम मृदु गरज-गरज घन घोर !
राग-अमर ! अम्बर में भर निज रोर !

झर झर झर निर्झर-गिरि-सर में,
घर, मरु, तरु-मर्मर, सागर में,
सरित— तड़ित-गति—चकित पवन में
मन में, विजय-गहन-कानन में,
आनन-आनन में, रव-घोर-कठोर—
राग-अमर ! अम्बर में भर निज रोर !

अरे वर्ष के हर्ष !
बरस तू, बरस-बरस रसधार !
पार ले चल तू मुझको,
बहा, दिखा मुझको भी निज
गर्जन-भैरव संसार !
उथल-पुथल कर हृदय—
मचा हलचल—
चल रे चल,—
मेरे पागल बादल !
धँसता दलदल,

हँसता है नद खल्-खल्
बहता, कहता कुलकुल कलकल कलकल।
देख-देख नाचता हृदय
बहने को महाविकल—बेकल,
इस मरोर से—इसी शोर से—
सघन घोर गुरु गहन रोर से
मुझे—गगन का दिखा सघन वह छोर !
राग-अमर ! अम्बर में भर निज रोर !

२

ऐ निर्बन्ध !
अन्ध-तम-अगम-अनर्गल—बादल !
ऐ स्वच्छन्द !
मन्द-चञ्चल-समीर-रथ पर उच्छृंखल !
ऐ उद्दाम !
अपार कामनाओं के प्राण !
बाधारहित विराट !
ऐ विप्लव के प्लावन !
सावन-घोर गगन के
ऐ सम्राट !
ऐ अटूट पर छूट टूट पड़नेवाले—उन्माद !
विश्व-विभव को लूट-लूट लड़नेवाले--अपवाद !
श्री बिखेर, मुख-फेर कली के निष्ठुर पीड़न !
छिन्न-भिन्न कर पत्र-पुष्प-पादक-वन-उपवन,
वज्र-घोष से ऐ प्रचण्ड !
आतंक जमानेवाले !
कम्पित जंगम—नीड़-विहंगम,
ऐ न व्यथा पानेवाले !
भय के मायामय आँगन पर

गरजो विप्लव के नव जलधर !

३

सिन्धु के अश्रु !
धरा के खिन्न दिवस के दाह !
बिदाई के अनिमेष नयन !
मौन उर में चिह्नित कर चाह
छोड़ अपना परिचित संसार—
सुरभि का कारागार,
चले जाते हो सेवा-पथ पर,
तरु के सुमन !
सफल करके
मरीचिमाली का चारु चयन।
स्वर्ग के अभिलाषी हे वीर,
सव्यसाची-से तुम अध्ययन-अधीर
अपना मुक्त विहार,
छाया में दुख के अन्तःपुर का उद्घाटित द्वार
छोड़ बन्धुओं के उत्सुक नयनों का सच्चा प्यार,
जाते हो तुम अपने रथ पर,
स्मृति के गृह में रखकर
अपनी सुधि के सज्जित तार।
पूर्ण-मनोरथ ! आये—
तुम आये;
रथ का घर्घर-नाद
तुम्हारे आने का सम्वाद।
ऐ त्रिलोक-जित् ! इन्द्र-धनुर्धर !
सुरबालाओं के सुख-स्वागत !
विजय ! विश्व में नवजीवन भर,
उतरो अपने रथ से भारत !

उस अरण्य में बैठी प्रिया अधीर,
कितने पूजित दिन अब तक हैं व्यर्थ,
मौन कुटीर।
आज भेंट होगी—
हाँ, होगी निस्सन्देह,
आज सदा-सुख-छाया होगा कानन-गेह
आज अनिश्चित पूरा होगा श्रमित प्रवास,
आज मिटेगी व्याकुल श्यामा के अधरों की प्यास।

४

उमड़ सृष्टि के अन्तहीन अम्बर से,
घर से क्रीड़ारत बालक-से,
ऐ अनन्त के चञ्चल शिशु सुकुमार !
स्तब्ध गगन को करते हो तुम पार।
अन्धकार—घन अन्धकार ही
क्रीड़ा का आगार।
चौंक चमक छिप जाती विद्युत
तडिद्दाम अभिराम,
तुम्हारे कुञ्चित केशों में
अधीर विक्षुब्ध ताल पर
एक इमन का-सा अति मुग्ध विराम।
वर्ण रश्मियों-से कितने ही
छा जाते हैं मुख पर—
जग के अन्तस्थल से उमड़
नयन-पलकों पर छाये सुख पर;
रंग अपार
किरण-तूलिकाओं से अंकित
इन्द्रधनुष के सप्तक, तार;—
व्योम और जगती के राग उदार

मध्यदेश में, गुडाकेश !
गाते हो वारम्वार।
मुक्त ! तुम्हारे मुक्त कण्ठ में
स्वरारोह, अवरोह, विघात,
मधुर मन्द्र, उठ पुनः पुनः ध्वनि
छा लेती है गगन, श्याम कानन,
सुरभित उद्यान,
झर-झर-रव भूधर का मधुर प्रपात।
वधिर विश्व के कानों में
भरते हो अपना राग,
मुक्त शिशु ! पुनः पुनः एक ही राग अनुराग।

५

निरञ्जन बने नयन अञ्जन !
कभी चपल गति, अस्थिर मति,
जल-कलकल तरल प्रवाह,
वह उत्थान-पतन-हत अविरत
संसृति-गत उत्साह,
कभी दुख-दाह
कभी जलनिधि-जल विपुल अथाह—
कभी क्रीड़ारत सात प्रभञ्जन—
बने नयन-अञ्जन !
कभी किरण-कर पकड़-पकड़कर
चढ़ते हो तुम मुक्त गगन पर,
झलमल ज्योति अयुत-कर-किंकर,
सीस झुकाते तुम्हें तिमिरहर—
अहे कार्य से गत कारण पर !
निराकार, हैं तीनो मिले भुवन—
बने नयन-अञ्जन !

आज श्याम-घन श्याम, श्याम छवि,
मुक्त-कण्ठ है तुम्हें देख कवि,
अहो कुसुम-कोमल कठोर-पवि !
शत-सहस्र-नक्षत्र-चन्द्र रवि संस्तुत
नयन मनोरञ्जन !
बने नयन अंजन !

६

तिरती है समीर-सागर पर
अस्थिर सुख पर दुख की छाया—
जग के दग्ध हृदय पर
निर्दय विप्लव की प्लावित माया—
यह तेरी रण-तरी
भरी आकांक्षाओं से,
घन, भेरी-गर्जन से सजग सुप्त अंकुर
उर में पृथ्वी के, आशाओं से
नवजीवन की, ऊँचा कर सिर,
ताक रहे हैं, ऐ विप्लव के बादल !
फिर-फिर।
बार-बार गर्जन
वर्षण है मूसलधार,
हृदय थाम लेता संसार,
सुन-सुन घोर वज्र-हुङ्कार।
अशनि-पात से शायित उन्नत शत-शत वीर,
क्षत-विक्षत हत अचल-शरीर,
गगन-स्पर्शी स्पर्द्धा-धीर।
हँसते हैं छोटे पौधे लघुभार—
शस्य अपार,
हिल-हिल,

खिल-खिल,
हाथ हिलाते,
तुझे बुलाते,
विप्लव-रव से छोटे ही हैं शोभा पाते ।
अट्टालिका नहीं है रे
आतङ्क-भवन,
सदा पङ्क पर ही होता
जल-विप्लव-प्लावन,
क्षुद्र प्रफुल्ल जलज से
सदा छलकता नीर,
रोग-शोक में भी हँसता है
शैशव का सुकुमार शरीर ।
रुद्ध कोष, है क्षुब्ध तोष,
अङ्गना-अङ्ग से लिपटे भी
आतङ्क-अङ्क पर काँप रहे हैं
धनी, वज्र-गर्जन से बादल !
त्रस्त नयन-मुख ढाँप रहे हैं ।
जीर्ण बाहु, है शीर्ण शरीर,
तुझे बुलाता कृषक अधीर
ऐ विप्लव के वीर !
चूस लिया है उसका सार,
हाड़-मात्र ही है आधार,
ऐ जीवन के पारावार !

खण्ड : तीन

जुही की कली

विजन-वन-वल्लरी पर
सोती थी सुहाग-भरी—स्नेह-स्वप्न-मग्न—
अमल-कोमल-तनु तरुणी—जुही की कली,
दृग बन्द किये, शिथिल—पत्राङ्क में,
वासन्ती निशा थी;
विरह-विधुर-प्रिया-सङ्ग छोड़
किसी दूर देश में था पवन
जिसे कहते हैं मलयानिल।
आयी याद बिछुड़न से मिलन की वह मधुर बात,
आयी याद चाँदनी की धुली हुई आधी रात,
आयी याद कान्ता की कम्पित कमनीय गात,
फिर क्या ? पवन
उपवन-सर-सरित गहन-गिरि-कानन
कुञ्ज-लता-पुञ्जों को पार कर
पहुँचा जहाँ उसने की केलि
कली खिली साथ।
सोती थी,
जाने कहो कैसे प्रिय-आगमन वह ?
नायक ने चूमे कपोल,
डोल उठी वल्लरी की लड़ी जैसे हिंडोल।
इस पर भी जागी नहीं,

चूक-क्षमा माँगी नहीं,
निद्रालस वङ्किम विशाल नेत्र मूँदे रही--
किंवा मतवाली थी यौवन की मदिरा पिये,
कौन कहे ?
निर्दय उस नायक ने
निपट निठुराई की
कि झोंकों की झड़ियों से
सुन्दर सुकुमार देह सारी झकझोर डाली,
मसल दिये गोरे कपोल गोल;
चौंक पड़ी युवती—
चकित चितवन निज चारों ओर फेर,
हेर प्यारे को सेज-पास,
नम्रमुख हँसी—खिली,
खेल रङ्ग, प्यारे सङ्ग।

जागृति में सुप्ति थी

जड़े नयनों में स्वप्न
खोल बहुरंगी पङ्ख विहग-से,
सो गया सुरा-स्वर

प्रिया के मौन अधरों में
क्षुब्ध एक कम्पन-सा निद्रित
सरोवर में।

लाज से सुहाग का—
मान से प्रगल्भ प्रिय-प्रणय निवेदन का
मन्द-हास-मृदु वह

सजा-जागरण जग,
थककर वह चेतना भी लाजमयी
अरुण-किरणों में समा गयी।

जाग्रत प्रभा में क्या शान्ति थी ?—
जागृति में सुप्ति थी—
जागरण क्लान्ति थी।

शेफालिका

बन्द कंचुकी के सब खोल दिये प्यार से
यौवन-उभार ने
पल्लव-पर्यङ्क पर सोती शेफालिके।

मूक-आह्वान-भरे लालसी कपोलों के
व्याकुल विकास पर
झरते हैं शिशिर से चुम्बन गगन के।

जागती प्रिया नक्षत्र-दीप-कक्ष में
वक्ष पर सन्तरण-आश-आकाश है,
पार करना चाहता
सुरभिमय समीर-लोक,
शोक-दुख-जर्जर इस नश्वर संसार की
क्षुद्र सीमा,

पहुँचकर प्रणय छाये
अमर विराम के
सप्तम सोपान पर।
पाती अमर प्रेम-धाम,
आशा की प्यास एक रात में भर जाती है,
सुबह को आली, शेफाली झर जाती है।

रेखा

यौवन के तीर पर प्रथम था आया जब
स्रोत सौन्दर्य का,
वीचियों में कलरव सुख-चुम्बित प्रणय का,
था मधुर आर्षणमय—
मज्जनावेदन मृदु फूटता सागर में।
वाहिनी संसृति की,
आती अज्ञात दूर चरण-चिह्न-रहित
स्मृति-रेखाएँ पारकर,
प्रीति की प्लावन-पटु,
क्षण में बहा लिया—
साथी मैं हो गया अकूल का,
भूल गया निजी सीमा,
क्षण में अज्ञानता को सौंप दिये मैंने प्राण,
बिना प्रार्थना के ही।
ताप हर हृदय-वेग
लग्न एक ही स्मृति में;
कितना अपनाव! —
प्रेम-भाव बिना भाषा का,
तान तरल-कम्पन वह बिना शब्द-अर्थ की।

उस समय हृदय में

जो कुछ बह आता था,
हृदय से चुपचाप
प्रार्थना के शब्दों में
परिचय-विना भी यदि
कोई कुछ कहता था,
अपनाता मैं उसे।
चिरकालिक कालिमा—
जड़ता जीवन की चिरसंचित थी दूर हुई।
स्वच्छ एक दर्पण—
प्रतिबिम्बों की ग्रहण-शक्ति सम्पूर्ण लिये हुए—
देखता मैं प्रकृति-चित्र,
अपनी मृदु भावना की छायाएँ चिर-पोषित।

प्रथम जीवन में
जीवन ही मिला मुझे, चारो ओर।
आती समीर
जैसे स्पर्श कर अंग एक अज्ञात किसी का,
सुरभि सुमन्द में हो जैसे अंग-राग-गन्ध,
कुसुमों में चितवन अतीत की स्मृति-रेखा—
परिचित चिरकाल की,
दूर चिरकाल से;
विस्मृत से जैसे खुल आयी हो कोई स्मति
ऐसे ही प्रकृति यह
हरित निज छाया में
कहती अन्तर की कथा
रह जाती हृदय में—
छिना हृदय एक ही हुआ था मिल।

बीते अनेक दिन

बहते प्रिय-वक्ष पर ऐसे ही निरुपाय
बहु-भाव-भंगों की यौवन-तरंगों में।
निरुद्देश मेरे प्राण
दूर तक फैले उस विपुल अज्ञान में।
खोजते थे प्राण ही
जड़ में ज्यों वीतराग चेतन को खोजते।
अन्त में
मेरी ध्रुवतारा तुम
प्रसरित दिगन्त से
अन्त में लायीं मुझे
सीमा में दीखी असीमता—
एक स्थिर ज्योति में
अपनी अबाधता—
परिचय निज पथ का स्थिर।

वक्ष पर धरा के
तिमिर का भार-गुरु
पीड़ित करता जब प्राण,
आते शशांक तब हृदय पर आप ही,
चुम्बन-मधु ज्योति का अन्धकार हर लेता।
छाया के स्पर्श से
कल्पित सुख मेरा भी
प्राणों से रहित था—
कल्पना ही एक
दूर सत्य के आलोक से—
निर्जन-प्रियता में था मौन-दुःख
साथी-विना।

प्रतिमा सौन्दर्य की

हृदय के मंच पर
आयी न थी तब भी,
पत्र-पुष्प-अर्घ्य ही
संचित था हो रहा
आगम-प्रतीक्षा में,
स्वागत की वन्दना ही
सीखी थी हृदय ने।
उत्सुकता, वेदना,
भीति, मौन, प्रार्थना
नयनों की नयनों से,
सिंचन-सोहाग—प्रेम,
दृढ़ता चिबुक की,
अधरों की विह्वलता,
भ्रू-कुटिलता, सरल हास,
वेदना कण्ठ में,
मृदुता हृदय में,
काठिन्य दृढ़ उरोजों में,
हाथों में निपुणता,
शिथिलता चरणों में,
दीखी नहीं तब तक
एक ही मूर्ति में
तन्मय असीमता।

सृष्टि का मध्यकाल मेरे लिए
तृष्णा की जागृति का
मूर्त राग नयनों पर।
अशन-हुत विश्व के शब्द-रस-गन्ध-रूप
दीपक-पतंग-से अन्ध थे आ रहे
एक आकर्षण में,

और यह प्रेम था!
तृष्णा ही थी सजग
मेरे प्रति रोम में।
रसना रस-नाम-रहित
किन्तु रस-ग्राहिका।
भोग—वह भोग था,
शब्दों की आड़ में
शब्द-भेद प्राणों का
घोर तम सन्ध्या की स्वर्ण-किरण-दीप्ति में--
शत-शत वे बन्धन ही
नन्दन-स्वरूप-से
सम्मुख खड़े थे आ,
स्मित नयन, चंचल-चयन-शील,
अति-अपनाव-मृदु भाव खोले हुए;
मन की जड़ता ही थी,
दुर्बल अति धारणा चेतन पर
मूर्च्छित लिपटती थी जड़ों से वारम्वार।

सबकुछ तो था असार
अस्तु, वह प्यार?—
सब चेतन जो देखता,
स्पर्श में अनुभव—रोमांच,
हर्ष-रूप में—परिचिय,
विनोद, सुख गन्ध में,
रस में मज्जनानन्द,
शब्दों में अलंकार,
खींचा उसी ने था हृदय यह,
जड़ों में चेतन गति कर्षण मिलता कहाँ?
पाया आधार

भार-गुरुता मिटाने को,
था जो तरंगों में बहता हुआ,
कल्पना में निरवलम्ब,
पर्यटक एक अटवी का अज्ञात,
पाया किरण-प्रभात—
पथ उज्ज्वल, सहर्ष गति ।
केन्द्र दो आ मिले
एक ही तत्त्व के,
सृष्टि के करण वे
कविता के काम-बीज ।
कौन फिर-फिर जाता ?
बँधा हुआ पाश में ही
सोचता तो सुख-मुक्ति कल्पना के मार्ग से,
स्थित भी जो चलता है,
पार करता गिरि-शृंग, सागर-तरंग,
गगन, गहन अलंघ्य पथ,
सजल लावण्यमय,
खोलता सहृदय स्नेह ।

आज वह याद है वसन्त,
जब प्रथम दिगन्त-श्री
सुरभि धरा के आकांक्षित हृदय की,
दान प्रथम हृदय का
था ग्रहण किया हृदय ने;
अज्ञात भावना,
सुख चिर-मिलन का,
हल किया प्रश्न जब सहृदय एकत्व का
प्राथमिक प्रकृति ने
उसी दिन कल्पना ने

पायी सजीवता।
प्रथम कनक-रेखा प्राची के भाल पर
प्रथम श्रृंगार स्मित तरुणी वधू का,
नील-गगन-विस्तार केश,
किरणोज्ज्वल नयन नत,
हेरती पृथ्वी को।

जागो फिर एक बार

१

जागो फिर एक बार !

प्यारे जगाते हुए हारे सब तारे तुम्हें
अरुण-पङ्ख तरुण-किरण
खड़ी खोलती है द्वार—
जागो फिर एक बार !

आँखें अलियों-सी
किस मधु की गलियों में फँसीं,
बन्द कर पाँखें
पी रही हैं मधु मौन
या सोयी कमल-कोरकों में ?—
बन्द हो रहा गुञ्जार—
जागो फिर एक बार !

अस्ताचल ढले रवि,
शशि-छवि विभावरी में
चित्रित हुई है देख
यामिनी-गन्धा जगी,
एकटक चकोर-कोर दर्शन-प्रिय,

आशाओं भरी मौन भाषा बहु भावमयी
घेर रहा चन्द्र को चाव से,
शिशिर-भार-व्याकुल कुल
खुले फूल झुके हुए,
आया कलियो में मधुर
मद-उर यौवन-उभार—
जागो फिर एक बार!

पिउ-रव पपीहे प्रिय बोल रहे,
सेज पर विरह-विदग्धा वधू
याद कर बीती बातें, रातें मन-मिलन की
मूंद रही पलकें चारु,
नयन-जल ढल गये,
लघुतर कर व्यथा-भार—
जागो फिर एक बार!

सहृदय समीर जैसे
पोंछो प्रिय, नयन-नीर
शयन-शिथिल-बाहें
भर स्वप्निल आवेश में,
आतुर उर वसन-मुक्त कर दो,
सब सुप्ति सुखोन्माद हो;
छूट-छूट अलस
फैल जाने दो पीठ पर
कल्पना से कोमल
ऋजु-कुटिल प्रसार-कामी केश-गुच्छ।
तन-मन थक जायँ,
मृदु सुरभि-सी समीर में
बुद्धि-बुद्धि में हो लीन,

मन में मन, जी जी में,
एक अनुभव बहता रहे
उभय आत्माओं में,
कब से मैं रही पुकार—
जागो फिर एक बार !

उगे अरुणाचल में रवि
आयी भारती-रति कवि-कण्ठ में,
क्षण-क्षण में परिवर्तित
होते रहे प्रकृति-पट,
गया दिन, आयी रात,
गयी रात, खुला दिन,
ऐसे ही संसार के बीते दिन, पक्ष, मास,
वर्ष कितने ही हजार—
जागो फिर एक बार !

२

जागो फिर एक बार !

समर अमर कर प्राण,
गान गाये महासिन्धु-से
सिन्धु-नद-तीरवासी !—
सैन्धव तुरंगों पर
चतुरङ्ग चमू सङ्ग;
सवा-सवा लाख पर
एक को चढ़ाऊँगा
गोविन्द सिंह निज
नाम जब कहाऊँगा।
किसने सुनाया यह

वीर-जन-मोहन अति
दुर्जय संग्राम-राग,
फाग का खेला रण
बारहो महीनों में ?
शेरों की माँद में
आया है आज स्यार—
जागो फिर एक बार !

सत श्री अकाल,
भाल-अनल धक-धक कर जला,
भस्म हो गया था काल—
तीनो गुण—ताप त्रय,
अभय हो गये थे तुम
मृत्युञ्जय व्योमकेश के समान,
अमृत-सन्तान ! तीव्र
भेदकर सप्तावरण-मरण-लोक,
शोकहारी ! पहुँचे थे वहाँ
जहाँ आसन है सहस्रार—
जागो फिर एक बार !

सिंह की गोद से
छीनता रे शिशु कौन ?
मौन भी क्या रहती वह
रहते प्राण ? रे अजान !
एक मेषमाता ही
रहती है निर्निमेष—
दुर्बल वह—
छिनती सन्तान जब
जन्म पर अपने अभिशप्त

तप्त आँसू बहाती है;—
किन्तु क्या,
योग्य जन जीता है,
पश्चिम की उक्ति नहीं—
गीता है, गीता है—
स्मरण करो बार-बार—
जागो फिर एक बार !

पशु नहीं, वीर तुम,
समर-शूर क्रूर नहीं,
काल-चक्र में हो दबे
आज तुम राजकुँवर !—समर-सरताज !
पर, क्या है,
सब माया है—माया है,
मुक्त हो सदा ही तुम,
बाधा-विहीन बन्ध छन्द ज्यों,
डूबे आनन्द में सच्चिदानन्द रूप।
महामन्त्र ऋषियों का
अणुओं-परमाणुओं में फूंका हुआ—
"तुम हो महान्, तुम सदा हो महान्,
है नश्वर यह दीन भाव,
कायरता, कामपरता,
ब्रह्म हो तुम,
पद-रज-भर भी है नहीं
पूरा यह विश्व-भार—"
जागो फिर एक बार !

कवि

सबके प्राणों का मोल
देती है प्रकृति जब खोल संसार में,
फैलती है वर्णों में स्वर्णच्छटा,
हृदय की तृप्त, प्यास,
दोनों एक साथ ही
उड़ती वातास में—
वीचियों में तैरतीं अप्सर-कुमारियाँ।
जितने संसार के सुखमय जीवन के लोग,
भोग के विरोध में न आये, न गये कभी,
रहते रङ्गशाला के नायक बने हुए,
दैन्यहीन लीन रस-रूप में,
स्वार्थ-सुख छोड़ नहीं पाया कभी और ज्ञान,
अयि प्रकृति ! लेते हैं प्राण वे
अपन प्राणों के लिए—
रूप, रस, गन्ध, स्पर्श—
काकली कोकिल की,
राग सान्ध्य षोड़शी का
निज भोग के लिए;
और कोई, कवि तुम, एक तुम्हीं,
बार-बार, झेलते सहस्रों वार
निर्मम संसार के,

दूसरों के अर्थ ही लेते दान,
महाप्राण ! जीवों में देते हो
जीवन ही जीवन जोड़,
मोड़ निज सुख से मुख।
विश्व के दैन्य से दीन जब होता हृदय,
सदयता मिलती कहीं भी नहीं,
स्वार्थ का तार ही दीखता संसार में,
मृत्यु की श्रृङ्खला ही
संसृति का सुष्ठु रूप,
धीर-पद अवनति ही
चरम परिणाम यहाँ,
काँप उठते तब प्राण
वायु से पत्र ज्यों,
हे महान् ! सोचते हो दुःख-मुक्ति,
शक्ति नव-जीवन की।
सूख जाता हृदय तब,
ज्वालाएँ नित्य नव उमड़तीं—
उस अनल-कुण्डी की
बाह्य रस-रूप-राग
आहुति ही होते हैं,
मूर्त नवजीवन के रूप फिर निकलते
प्राणों के प्राण—
अभिधान शत वर्षों के—
हार्दिक आह्वान, जहाँ आता है अखिल लोक
शोकातुर, पाता जीवन-विधान।
भरते हो केवल आस, प्यास,
अभिलाष नव शून्य निज हृदय में,
झोली में दैन्य की
प्रकृति का दान बहु !

रिक्त तत्काल कर
रहते हो रिक्त ही,
चिर-प्रसन्न ! चिरकालिक पतझड़ बने हुए ।
देखता हूँ,
फूलते नहीं हैं फूल वैसे वसन्त में
जैसे तब कल्पना की डालों पर खिलते हैं—
अखिल-लोक-रञ्जन कर नर्तन
समीर में यति की, भ्रू-भङ्ग-लास,
रहते उल्लास में !
करते परिहास
खिली युवती कुमारियों से
हेर मृदु मन्द मधुर, उर से लगाते हैं,
फूटती है उनसे वह कितनी वियोग-व्यथा,
मिलनाग्रह कितना विहार एक वृन्त पर,
खुला हुआ नग्न चित्र
प्रिया और प्रियतम का;
चूमते समीर में
सहज मुख प्रेयसी का,
झूमती है देह,
मदिर बङ्किम वे नयन दोनों,
प्रेम की क्रीड़ाएँ कर
आप ही वे मौन-रूप
झड़ जाते वृन्त से
जैसे अचिन्त्य का सदा ही निज जीवन हो—
विजन का पथिक
चुपचाप कहीं सो जाय ।
प्राङ्गण में पावस के
झरते हैं धाराधर,
नव-यौवनाकुल

प्रेम-पुलकित पावन प्रकृति
रहती है झुकी हुई,
नूतन संयोग से
प्रियतम में लीन ज्यों
मौनमुखी कामिनी,
मन्द-मन्द रेखा उन अधरों के हास की
हर्षित छिपाती है हरित निज वास में,
नत-मस्तक भोगती प्रियतम का सङ्ग-सुख।
देखते तुम अनुपम विहार—
यह मुखरता मन में
भर देते वाणी में
अपनी सुहाग-राशि,
मिलनातुर कल्पनाएँ
शरत्-हेमन्त-शिशिर-पिकप्रिय-वसन्त की,
नश्वर को करते अविनश्वर तत्काल
तुम अपने ही अमृत के
पावन-कर-सिञ्चन से।

स्मृति-चुम्बन

बाल्य के स्वप्नों में करता विहार;
स्वर्ण-रेणुओं का छाया यह सारा संसार
था मेरे लिए सोने का
चञ्चल आलोक-स्पन्द—
तैरतीं आनन्द में वे
बालिकाएँ मेरे सब संग की कुमारियाँ,
अगणित परागों की,
राग थीं मिलाती मृदु वीचियों में वायु की;
शिथिल कर देह
बह जातीं अविराम
कपाँ जाने किस देश में !—
इंगित कर मुझको
बुलाती थीं बार-बार,
प्यार ही प्यार का
चुम्बन संसार था।
सोने के प्रभात की
किरणें सुनहली थीं चूमता
सोने के पुष्पों-पत्रों के अधर;
सोने के निर्झर
प्रति-चरण चूम-चूम तट
मिलते थे सरिता से

चुम्बन का अन्त ज्यों,
देते सर्वस्व निज
छोड़ क्षुद्र सीमा-बन्ध।
पलकों के नीड़ से
सोने के नभ में
उड़ जाते थे नयन, वे
चूमकर असीम को
लौटते आनन्द भर
ज्योति का पारावार
पार करते ही हुए,
डूब जाते कभी वे
सुप्ति के मोह में
चुम्बन का स्वप्न ले।
देखता मैं बार-बार
ज्योति के ही चक्राकार
चुम्बन से चञ्चल हो उठता संसार
स्थिरता में गति फैलती—
भास होता ज्ञान का।
कैसे कहूँ, जीवन वह
मोह था, अज्ञान था।
जीवन के सारथी ने
पारकर रेखाएँ बाल्य के मार्ग की
रोका रथ एकाएक यौवन के कानन में।
गति भी वह कितनी धीर !—
शिशिर का जैसे निःशब्द अभिसार हो
शिविर में विश्व के।
ऐसे ही पार हुआ
बाल्य का कोमल पथ।
उठते पद नव दृश्य-

दर्शन-चुम्बन से नित।
कानन के द्वार पर
आया जब, पहले ही देखी वह हरित छवि
एक नव रूप में
आया भर दूसरा ही
स्पन्दन तब हृदय में
अन्वेषण नयनों में,
प्राणों में लालसा।
समझ नहीं सका हाय!
कैसा निरुपाय वह जीवन बदल गया।
चारो ओर
पुष्प-युवती के कोर,
तरुण-दल अधर-अरुण,
जीवन-सुवास
मन्द गति से जा पास
देखा एक अपर लोक,
रोम-रोम में समायी जहाँ
चुम्बन की लालसा,
ज्योति नयन-ज्योति से
पलकों से पलक मिले,
कण्ठ कण्ठ से लगा हुआ
बाहुओं से बाहु,
प्राण प्राणों में मिले हुए।
यौवन के वन की वह मेरी शकुन्तला—
शारदीय चन्द्रिका दग्ध मरु के लिए—
सीमा में दृष्टि की असीम रस-रूप-राशि
चुम्बन से जीवन का प्याला भर दे गयी।
रिक्त जब होगा, भर देगी तत्काल स्मृति
काल के बन्धन में जीवन यह जब तक है।

महाराज शिवाजी का पत्र

वीर ?—सर्दारों के सर्दार !—महाराज !
बहु-जाति, क्यारियों के पुष्प-पत्र-दल-भरे
आन-बान-शानवाला भारत-उद्यान के
नायक हो, रक्षक हो,
वासन्ती सुरभि को हृदय से हरकर
दिगन्त भरनेवाला पवन ज्यों।
वंशज हो—चेतन अमल अंश,
हृदयाधिकारी रवि-कुल-मणि रघुनाथ के।
किन्तु हाय ! वीर राजपूतों की
गौरव-प्रलम्ब ग्रीवा
अवनत हो रही है आज तुमसे महाराज,
मोगल-दल-विगलित-बल
हो रहे हैं राजपूत,
बाबर के वंश की
देखो आज राजलक्ष्मी
प्रखर से प्रखरतर-प्रखरतम दीखती
दुपहर की धूप-सी,
दुर्मद ज्यों सिन्धुनद
और तुम उसके साथ
वर्षा की बाढ़ ज्यों
भरते हो प्रबल वेग प्लावन का,

बहता है देश निज
धन-जन कुटुम्ब भाई—
अपने सहोदर-मित्र—
निस्सहाय त्रस्त भी 'उपाय'-शून्य !
वीरता की गोद पर
मोद भरनेवाले शूर तुम,
मेधा के महान्,
राजनीति में हो अद्वितीय जयसिंह
सेवा हो स्वीकृत
है नमस्कार साथ ही
आसीस है बार-बार।
कारण संसार के विश्वरूप,
तुम पर प्रसन्न हों,
हृदय की आँखें दें,
देखो तुम न्याय-मार्ग।
सुना है मैंने, तुम
सेना से पाट दक्षिणा-पथ को
आये हो मुझ पर चढ़ाई कर,
जय-श्री, जयसिंह !
मोगल-सिंहासन के—
औरङ्ग के पैरों के
नीचे तुम रक्खोगे,
काढ़ देना चाहते हो दक्षिण के प्राण—
मोगलों को तुम जीवनदान,
काढ़ हिन्दुओं का हृदय,
सदय ऐसे ! कीर्ति से
जाओगे अपनी पताका ले।
हाय री यशोलिप्सा !
अन्धे की दिवस तू—

अन्धकार रात्रि-सी।
लपट में झपट
प्यासों मरनेवाले
मृग की मरीचिका है।
चेतो वीर, हो अधीर जिसके लिए
अमृत नहीं, गरल है—
अति कटु हलाहल है;
कीर्ति-शोणिमा में यह
कालिमा कलङ्क की
दीखती है छिपी हुई—
काला कर देगी मुख,
देश होगा विगत-सुख, विमुख भी,
धर्म को सहेगा नहीं
इतना यह अत्याचार,
करो, कुछ विचार,
तुम देखो वस्त्रों की ओर,
शराबोर किसके खून से ये हुए?
लालिमा क्या है कहीं कुछ?
भ्रम है वह,
सत्य कालिमा ही है।
दोनों लोक कहेंगे,
होता तू जानदार,
हिन्दुओं पर हरगिज तू
कर न सकता प्रहार।
अगर निज नाम से,
बाहुबल से, चढ़कर
तुम आते कहीं दक्षिण में
विजय के लिए वीर,
पत्र-से प्रभात के

इन नयन-पलकों को
राह पर तुम्हारी मैं
सुख से बिछा देता—
सीस भी झुका देता सेवा में
साथ भी होता बीर,
रक्षक शरीर का, हमरकाब,
साथ लेता सेना निज,
सागराम्बरा भूमि
क्षत्रियों की जीतकर,
विजय सिंहासन-श्री
सौंपता ला तुम्हें मैं—
स्मृति-सी निज प्रेम की।
किन्तु तुम आये नहीं अपने लिए
आये हो, औरङ्गशाह
देने मृदु अङ्ग निज काटकर।
धोखा दिया है यह
उसने तुम्हें क्या ही!—
दगाबाज, लाज जो उतारता है
मरजादवालों की,
खूब बहकाया तुम्हें!
सोचता हूँ अपना कर्तव्य अब—
देश का उद्देश,
पर, क्या करूँ मैं,
निश्चय कुछ होता नहीं—
द्विधा में पड़े हैं प्राण।
अगर मैं मिलता हूँ,
"डरकर मिला है"
यह शत्रु मेरे कहेंगे।—
नहीं यह मर्दानगी।

समय की बाट कभी
जोहते नहीं हैं पुरुष—
पुरुषकार उपहार में है संयोग से
जिन्हें मिला—
सिंह भी क्या स्वाँग कभी
करता है स्यार का ?

क्या कहूँ मैं,
लूँ गर तलवार,
तो धार पर बहेगा खून
दोनों ओर हिन्दुओं का, अपना ही।
उठता नहीं है हाथ
मेरा कभी नरनाथ,
देख हिन्दुओं को ही
रण में—विपक्ष में।
हाय री दासता !
पेट के लिए ही—
लड़ते हैं भाई-भाई—
कोई तुम ऐसा भी कीर्तिकामी।
वीरवर ! समर में
धर्म-घातकों से ही खेलती है रण-क्रीड़ा
मेरी तलवार, निकल म्यान से।
आये होते कहीं
तुर्क इस समर में,
तो क्या, शेरमर्दों के
वे शिकार आये होते।
किन्तु हाय !
न्याय-धर्म-वञ्चित वह
पापी औरङ्गजेब—

राक्षस निरा जो नर-रूप का,
समझ लिया खूब जब
दाल है गली नहीं
अफजलखाँ के द्वारा,
कुछ न बिगाड़ सका
शाइस्त: खान आकर,
सीस पर तुम्हारे तब
सेहरा समर का बाँध
भेजा है फतहयाब होने को दक्षिण में।
शक्ति उसे है नहीं
चोटें सहने की यहाँ
वीर शेरमर्दों की।
सोचो तुम,
उठती जब नग्न तलवार है स्वतन्त्रता की,
कितने ही भावों से
याद दिला घोर दुःख दारुण परतन्त्रता का,
फूँकती स्वतन्त्रता निज मन्त्र से
जब व्याकुल कान,
कौन वह सुमेरु
रेणु-रेणु जो न हो जाय ?
इसीलिए दुर्जय है हमारी शक्ति !
और भी—
तुम्हें यहाँ भेजा जो,
कारण क्या रण का ?
एक यही निस्सन्देह,
हिन्दुओं में बलवान्
एक भी न रह जाय।
लुप्त हो हमारी शक्ति
तुर्कों के विजय का।

आपस में लड़कर
हो घायल मरेंगे सिंह,
जङ्गल में गीदड़ ही
गीदड़ रह जायँगे—
भोगेंगे राज्य-सुख।
गुप्त भेद एकमात्र
है यही औरङ्ग का,
समझो तुम,
बुद्धि में इतना भी नहीं पैठता ?
जादू के मारे, हाय
हारे तुम बुद्धि भी ?
समझो कि कैसा बहकाया है ?
मिला है तुम्हें
गन्ध-व्याकुल-समीर-मन्द-स्पर्श सरस,
साथ मरुभूमि में
सेना के संग तुम
झुलस भी चुके हो खूब
लू के तप्त झोंकों में
सुख और दुःख के
कितने ही चित्र तुम देख चुके।
फूलों की सेज पर सोये हो,
काटों की राह भी
आह भर पार की।
काफी ज्ञान वयोवृद्ध !
पाया है तुमने संसार का।
सोचो जरा,
क्या तुम्हें उचित है कभी
लोहा लो अपने ही भाइयों से !
अपने ही खून की

अञ्जलि दो पूर्वजों को,
धर्म-जाति के ही लिए
दिये हों जिन्होंने प्राण—
कैसा यह ज्ञान है !
धीमान् कहते हैं तुम्हें लोग,
जयसिंह सिंह हो तुम,
खेलो शिकार खूब हिरनों का,
याद रहे—
शेर कभी मारता नहीं है शेर,
केसरी
अन्य वन्य पशुओं का शिकार करता है।
सिंहों के साथ ही चाहते हो गृह-कलह ?—
जयसिंह ?
अगर हो शानदार,
जानदार है यदि अश्व वेगवान्,
बाहुओं में बहता है
क्षत्रियों का खून यदि,
हृदय में जागती है वीर, यदि
माता क्षत्राणी की दिव्य मूर्ति,
स्फूर्ति यदि अंग-अंग को है उकसा रही,
आ रही है याद यदि अपनी मरजाद की,
चाहते हो यदि कुछ प्रतिकार
तुम रहते तलवार के म्यान में,
आओ वीर, स्वागत है,
सादर बुलाता हूँ।
हैं जो बहादुर समर के,
वे मरके भी
माता को बचायेंगे।
शत्रुओं के खून से

धो सके यदि एक भी तुम मा का दाग,
कितना अनुराग देशवासियों का पाओगे !—
निर्जर हो जाओगे—
अमर कहलाओगे,
क्या फल है,
बाहुबल से, छल से या कौशल से
करके अधिकार किसी
भीरु पीनोरु नतनयना नवयौवना पर,
सौंपो यदि भय से उसे
दूसरे कामातुर किसी
लोलुप प्रतिद्वन्द्वी को ?
देख क्या सकोगे तुम
सामने तुम्हारे ही
अर्जित तुम्हारी उस
प्यारी सम्पत्ति पर,
प्राप्त करे दूसरा ही
भोग-संयोग निज, आँख दिखा,
और तुम वीर हो ?
रहते तूणीर में तीर, अहो,
छोड़ा कब क्षत्रियों ने अपना भाग ?—
रहते प्राण—कटि में कृपाण के ?
सुना नहीं तुमने क्या वीरों का इतिहास ?
पास ही तो—देखो,
क्या कहता चित्तौड़-गढ़ ?
मढ़ गये ऐसे तुम तुर्कों में ?
करते अभिमान भी किन पर ?
विदेशियों—विधर्मियों पर ?
काफिर तो कहते न होंगे कभी तुम्हें वे ?
विजित भी न होगे तुम औ' गुलाम भी नहीं ?

कैसा परिणाम यह सेवा का !—
लोभ भी न होगा तुम्हें मेवा का महाराज !
बादल घिर आये जो विपत्तियों के क्षत्रियों पर,
रहती सदा ही जो आपदा,
क्या कभी कोशिश भी की कोई
तुमने बचाने की ?
जानते हो,
वीर छत्रसाल पर
होगा मोगलों का
बहुत शीघ्र ही वज्र-प्रहार।
दूसरे भी मलते हैं हाथ,
हैं अनाथ हिन्दू,
असहनीय हो रहा है अत्याचार।
सच है मोगलों से
सम्बन्ध हुआ है तुम्हारा
किन्तु क्या अन्ध भी तुम हो गये ?
राक्षस पर रखते हो
नीति का भरोसा तुम,
तृष्णा, स्वार्थ-साधना है जिसकी—
निज भाई के खून से,
प्राणों से पिता के
जो शक्तिमान् है हुआ ?
जानते नहीं हो तुम ?
आड़ राजभक्ति की
लेना है इष्ट यदि,
सोचो तुम,
शाहजहाँ से तुमने कैसा बर्ताव किया।
दी है विधाता ने
बुद्धि यदि तुम्हें कुछ—

वंश का बचा हुआ
यदि कुछ पुरुषत्व है—
तत्त्व है,
तपा तलवार
सन्ताप से निज जन्म-भू के
दुखियों के आँसुओं से
उस पर तुम पानी दो।
अवसर नहीं है यह
लड़ने का आपस में
खाली मैदान पड़ा हिन्दुओं का महाराज,
बलिदान चाहती है जन्म-भूमि,
खेलोगे जान ले हथेली पर?
धन-जन-देवालय
देव-देश-द्विज-दारा-बन्धु
इंधन हैं हो रहे तृष्णा की भट्ठी में—
हद है अब हो चुकी।
और भी कुछ दिनों तक
जारी रहा ऐसा यदि अत्याचार, महाराज,
निश्चय है, हिन्दुओं की
कीर्ति उठ जायेगी—
चिह्न भी न हिन्दू-सभ्यता का रह जायेगा।
कितना आश्चर्य है!
मुट्ठी-भर मुसलमान
पले आतंक से हैं
भारत के अङ्क पर।
अपनी प्रभुता में
हैं मानते इस देश को,
विशृंखल तुम-सा यह हो रहा।
देखते नहीं हो क्या,

कैसी चाल चलता है रण में औरंगजेब ?
बहुरूपी, रंग बदला ही किया।
साँकलें हमारी हैं
जकड़ रहा है वह जिनसे हिन्दुओं के पैर।
हिन्दुओं के काटता है सीस
हिन्दुओं की तलवार ले।
याद रहे,
बरबाद जाता है हिन्दू-धर्म, हिन्दुस्तान।
मरजाद चाहती है आत्मत्याग—
शक्ति चाहती है अपनाव, प्रेम
क्षिप्त हो रहे हैं जो
खण्डशः क्षीण, क्षीणतर हुए—
आप ही हैं अपनी
सीमा के राजराजेश्वर,
भाइयों के शेर और क्रीतदास तुर्कों के,
उद्धत विवेक-शून्य,
चाहिए उन्हें कि रूप अपना वे पहचानें,
मिल जायँ जल से ज्यों जलराशि,
देखो फिर
तुर्क-शक्ति कितनी देर टिकती है।
संगठित हो जाओ—
आओ, बाहुओं में भर
भूले हुए भाइयों को,
अपनाओ अपना आदर्श तुम।
चाहिए हमें कि
तदबीर औ' तलवार पर
पानी चढ़ावें खूब,
क्षत्रियों की क्षिप्त शक्ति
कर लें एकत्र फिर,

बादल के दल मिलकर
घेरते धरा को ज्यों,
प्लावित करते हैं
निज जीवन से जीवों को ।
ईंट का जवाब हमें
पत्थर से देना है,
तुर्कों को तुर्की में,
घूंसे से थप्पड़ का ।

यदि तुम मिल जाओ महाराज जसवन्तसिंह से
हृदय से कलुष धो डालो यदि,
एकता के सूत्र में
यदि तुम गुँथो फिर महाराज राजसिंह से,
निश्चय है,
हिन्दुओं की लुप्त कीर्ति
फिर से जग जायगी,
आयेगी महाराज
भारत की गयी ज्योति,
प्राची के भाल पर
स्वर्ण-सूर्योदय होगा,
तिमिर-आवरण
फट जायगा मिहिर से,
भीति-उत्पात सब रात के दूर होंगे ।
घेर लो सब कोई,
शेर कुछ है नहीं वह,
मुट्ठी-भर उसके सहायक हैं,
दबकर पिस जायँगे ।
शत्रु को मौका न दो
अरे, कितना समझाऊँ मैं ?

तुमने ही रेणु को सुमेरु बना रक्खा है।
महाराज!
नीच कामनाओं को
सींचने के ही लिए
पल्लिवत विष-वल्लरी को करने के हेतु,
मोगलों की दासता के
पाश मालाएँ हैं
फूलों की आज तुम्हें।
छोड़ो यह हीनता,
साँप आस्तीन का
फेंको दूर,
मिलो भाइयों से,
व्याधि भारत की छूट जाय।
बँधे हो बहा दो न
मुक्त तरङ्गों में प्राण,
मान, धन, अपनापन;
कब तक तुम तट के निकट
खड़े हुए चुपचाप
प्रखर उत्ताप के फूल-से रहोगे म्लान,
मृतक, निष्प्राण जड़।
टूट पड़ो—बह जाओ—
दूर तक फैलाओ अपनी श्री, अपना रङ्ग,
अपना रूप, अपना राग।
व्यक्तिगत भेद ने
छीन ली हमारी शक्ति।
कर्षण-विकर्षण-भाव
जारी रहेगा यदि
इसी तरह आपस में,
नीचों के साथ यदि

उच्च जातियों की घृणा
द्वन्द्व, कलह, वैमनस्य,
क्षुद्र ऊर्मियों की तरह
टक्करें लेते रहे तो
निश्चय है,
वेग उन तरङ्गों का
और घट जायगा—
क्षुद्र से वे क्षुद्रतर होकर मिट जायँगी,
चञ्चलता शान्त होगी,
स्वप्न-सा विलीन हो जायगा अस्तित्व सब,
दूसरी ही कोई तरङ्ग फिर फैलेगी।
चाहते हो क्या तुम
सनातन-धर्म-धारा शुद्ध
भारत से बह जाय चिरकाल के लिए ?
महाराज !
जितनी विरोधी शक्तियों से,
हम लड़ रहे हैं आपस में,
सच मानो खर्च है यह
शक्तियों का व्यर्थ ही।
मिथ्या नहीं,
रहती है जीवों में विरोधी शक्ति,
पिता से पुत्र का,
पति का सहधर्मिणी से
जारी सदा ही है कर्षण-विकर्षण-भाव
और यही जीवन है—सत्ता है,
किन्तु तो भी
कर्षण बलवान् है
जब तक मिले हैं वे आपस में—
जब तक सम्बन्ध का ज्ञान है—

जब तक वे हँसते हैं,
रोते हैं एक-दूसरे के लिए।
एक-एक कर्षण में
बँधा हुआ चलता है
एक-एक छोटा परिवार
और उतनी ही सीमा में
बँधा है अगाध प्रेम—
धर्म-भाषा-वेश का,
और है विकर्षणमय
सारा संसार हिन्दुओं के लिए !
धोखा है अपनी ही छाया से !
ठगते वे अपने ही भाइयों को,
लूटकर उन्हें ही वे भरते हैं अपना घर।
सुख की छाया में फिर रहते निश्चिन्त हो
स्वप्न में भिखारी ज्यों।
मृत्यु का क्या और कोई होगा रूप ?
सोचो कि कितनी नीचता है आज
हिन्दुओं में फैली हुई।
और यदि एकीभूत शक्तियों से एक ही
बन जाय परिवार,
फैले समवेदना,
एक ओर हिन्दू एक ओर मुसलमान हों,
व्यक्ति का खिंचाव यदि जातिगत हो जाय,
देखो परिणाम फिर,
स्थिर न रहेंगे पैर यवनों के—
पस्त हौसला होगा—
ध्वस्त होगा साम्राज्य।
जितने विचार आज
मारते तरङ्गें हैं

साम्राज्यवादियों की भोग-वासनाओं में,
नष्ट होंगे चिरकाल के लिए।
आयेगी भाल पर
भारत की गयी ज्योति,
हिन्दुस्तान मुक्त होगा घोर अपमान से,
दासता के पाश कट जायँगे।
मिलो राजपूतों से,
घेरो तुम दिल्ली-गढ़,
तब तक मैं दोनों सुलतानों को देख लूँ।
सेना घनघटा-सी,
मेरे वीर सरदार
घेरेंगे गोलकुण्डा, बीजापुर,
चमकेंगे खड्ग सब
विद्युद्द्युति बार-बार,
खून की पियेंगी धार
सङ्गिनी सहेलियाँ भवानी की,
धन्य हूँगा, देव-द्विज-देश को
सौंप सर्वस्व निज।

पञ्चवटी-प्रसंग : १

सीता—आती है याद उस दिन की
प्रियतम !
जिस दिन हमारी पुष्प-वाटिका में
पुष्पराज !
बाल-रवि-किरणों से हँसते नव नीलोत्पल !
साथ लिये लाल को
घूमते समोद थे नयन-मनोरम तुम ।
उससे भी सुन्दर क्या नहीं यह दृश्य नाथ ?
वहाँ की वह लता-कुञ्ज मञ्जु थी
या यहाँ उस विटप विशाल पर
फैली हुई मालती का शीतल तल सुन्दर है ?
मैं तो सोचती हूँ, वहाँ बन्दिनी थी
और यहाँ खेलती हूँ मुक्त खेल,
साथ हो तुम,
और कहाँ इतना सुअवसर मुझे मिल सकता है ?
और कहाँ पास बैठ देखती मैं
चञ्चल तरङ्गिणी की तरल तरङ्गों पर
सुर-ललनाओं के चारु चरण—चपल नृत्य ?
और कहाँ सुनती मैं
सुखद समीरण में विहग-कल-कूजन-ध्वनि—
पत्रों के मर्मर में मधुर गन्धर्व गान ?

और कहाँ पाती मैं
निर्मल-विवेक-ज्ञान-भक्ति-दीप्ति
आश्रम-तपोवन छोड़ ?

राम—छोटे-से घर की लघु सीमा में
बँधे हैं क्षुद्र भाव,
यह सच है प्रिय,
प्रेम का पयोधि तो उमड़ता है
सदा ही निःसीम भू पर।
प्रेम की महोर्मि-माला तोड़ देती क्षुद्र ठाट,
जिसमें संसारियों के सारे क्षुद्र मनोवेग
तृण-सम बह जाते हैं।
हाथ मलते भोगी,
धड़कते हैं कलेजे उन कायरों के,
सुन-सुन प्रेम-सिन्धु का
सर्वस्व-त्याग-गर्जन-घन।
अट्टहास हँसता प्रेम-पारावार
देख भय-कातर की दृष्टि में
प्रार्थना की मलिन रेखा,
तट पर चुपचाप खड़ा
हाथ जोड़ मोह-मुग्ध
डरता है गोते लगाते प्रेम-सागर में,
जीवनाशा पैदा करती है सन्देह
जिससे सिकुड़ जाता सारा अंग,
याद कर प्रेम-वाड़वाग्नि की प्रचण्ड ज्वाला,
फेरता है पीठ वह,
दिव्य देहधारी ही कूदते हैं इसमें प्रिये,
पाते हैं प्रेमामृत,
पीकर अमर होते हैं।

मैं भी, सच कहता हूँ, मुनियों में
पाता हूँ जैसा अपूर्व प्रेम
वैसा कभी आज तलक कहीं नहीं पाया है।
राजभवन राजस-प्रभाव-भरे
रम्योद्यान से भी मुझे
बढ़कर प्रतीत होती
वनस्थली चारुचित्रा।

सीता—भूलती नहीं हैं एक क्षण भी अनसूया देवी।
चलने लगी मैं जब पैरों पड़ी,
स्नेह से उठाकर मुझे—
अहा, वह सुखद स्पर्श—
कहने लगीं—'सीता, तू जानती है
क्या हैं सतियों के गुण तो भी कहूँ।'
सादर समझाये सतियों के गुण सारे मुझे,
गोद में बिठाके, वह कैसा प्यार—निश्छल,
निष्काम—नहीं भूलता है एक क्षण।

राम—मुझे भी भरत की याद प्रिये, सदा आती है।

सीता—अहा, वह भक्ति-भाव-भूषित मुख विनय-नम्र !

(लक्ष्मण का प्रवेश)

लक्ष्मण—अर्चना के लिए आर्य !
विल्वदल-गन्ध-पुष्प-मालाएँ
रक्खी हैं कुटीर में, देर हुई।

राम—हाँ लाल, चलते हैं।

सीता—और लाल मेरे, लाओ फूल मालती के,

गूँथकर माला स्वयं
सती शिरोरत्न के
पद-युगल-कमलों में
अर्पण करूँगी मैं ।

(लक्ष्मण का प्रस्थान)

कितना सुबोध है !
आज्ञा-पालन के सिवा कुछ भी नहीं जानता,
आता है सामने तो झुका सिर
दृष्टि चरणों की ओर रखता है,
कहता है बालक-इव, क्या है आदेश माता ?

राम—पाये हैं इसने गुण सारे मा सुमित्रा के;
वैसा ही सेवाभाव, वैसा ही आत्मत्याग,
वैसी ही सरलता, वैसी पवित्र कान्ति ।
त्रुटि पर ज्यों बिजली-सी टूटती सुमित्रा मा,
शत्रु पर त्यों सिंह-सा झपटता है लखनलाल,
देखा नहीं कोप इसका परशुधर प्रसंग में ?
अथवा वन-गमन-समय ?
किंवा जब आये भरत चित्रकूट पर्वत पर ?
कितनी भक्ति मुझ पर है
यह तो जानती ही हो ।

पञ्चवटी-प्रसंग : २

लक्ष्मण—जीवन का एक ही अवलम्ब है सेवा;
है माता का आदेश यही,
मा की प्रीति के लिए ही चुनता हूँ सुमन-दल,
इसके सिवा कुछ भी नहीं जानता—
जानने की इच्छा भी नहीं है कुछ।
माता की चरण-रेणु मेरी परम शक्ति है—
माता की तृप्ति मेरे लिए अष्ट सिद्धियाँ—
माता के स्नेह-शब्द मेरे सुख-साधन हैं।
धन्य हूँ मैं;
जिनके कटाक्ष से करोड़ो शिव-विष्णु-अज
कोटि-कोटि सूर्य—चन्द्र-तारा-ग्रह
कोटि-इन्द्र-सुरासुर—
जड़-चेतन मिले हुए जीव-जग
बनते-पलते हैं,—नष्ट होते हैं अन्त में—
सारे ब्रह्माण्ड के जो मूल में विराजती हैं
आदि-शक्ति-रूपिणी,
शक्ति से, जिनकी शक्तिशालियों में सत्ता है—
माता हैं मेरी वे।
जिनके गुण गाकर भवसिन्धु पार करते नर,
प्रणव से लेकर प्रतिमन्त्र के अर्थ में
जिनके अस्तित्व की ही

दीखती है दृढ़ छाप
माता हैं मेरी वे।
नारियों की महिमा—सतियों की गुण-गरिमा में
जिनके समान जिन्हें छोड़ कोई और नहीं,
माता हैं मेरी वे।
सलिल-प्रवाह में ज्यों बहता शैवाल-जाल
गृह-हीन, लक्ष्य-हीन, यन्त्र-तुल्य,
किन्तु परमात्मा की प्रेममयी प्रेरणा से
मिलता है अन्त में असीम महासागर से
हृदय खोल—मुक्त होता,
मैं भी त्यों त्यागकर सुखाशाएँ,—
घर-द्वार—धन-जन,
बहता हूँ माता के चरणामृत-सागर में,
मुक्ति नहीं जानता मैं, भक्ति रहे, काफी है।
सुधाधर की कला में अंशु यदि बनकर रहूँ,
तो अधिक आनन्द है;
अथवा यदि होकर चकोर कुमुद नैश गन्ध
पीता रहूँ सुधा इन्दु-सिन्धु से बरसती हुई,
तो सुख मुझे अधिक होगा ?
इसमें सन्देह नहीं,
आनन्द बन जाना हेय है,
श्रेयस्कर आनन्द पाना है,
मानस-सरोवर के स्वच्छ वारि-कण-समूह
दिनकर-कर-स्पर्श से
सूक्ष्माकार होते जब—
धरते अव्यक्त रूप
कुछ काल के लिए नील नभोमण्डल में
लीन-से हो जाते हैं—गाते अव्यक्त राग,
किन्तु क्या आनन्द उन्हें मिलता है, वे जानें !

इधर तो यह स्पष्ट है कि
वही जब पाते हैं जलद-रूप—
प्रगति की फिर से जब सूचना दिखाते हैं,
जीवन का बालकाण्ड शुरू होता—
क्रीड़ा से कितने ही रंग वे बदलते हैं
शिखर पर—व्योम-पथ में,
नाचते-थिरकते हैं, किलकते, गीत गाते हैं—
कोमल कपोल श्याम चूमता जब मन्द मलय,
भर जाता हृदय आनन्द से—
बूँदों से सींचती उच्छ्वास-सलिल
मानस-सरोवर-वक्ष, स्मरण कर पूर्व-कथा,
देखकर कौतुक तब खिले हुए कमल कुल
गले डाल लेते हैं मोतियों की माला एक
मन्द मुस्किराते हुए।
अतएव ईश्वर से सदा ही मैं मनाता हूँ,
'परमात्मन्, मनस्काम-कल्पतरु तुम्हें लोग कहते हैं,
पूरे करते हो तुम सबके मनोभिलाष,
यदि प्रभो, मुझ पर सन्तुष्ट हो,
तो यही वर मैं माँगता हूँ,
माता की तृप्ति पर
बलि हो शरीर-मन
मेरा सर्वस्व-सार;
तुच्छ वासनाओं का
विसर्जन मैं कर सकूँ;
कामना रहे, तो एक
भक्ति की बनी रहे।'
चलूँ अब, चुन लिये प्रसून,
बड़ी देर हुई।

पञ्चवटी-प्रसंग : ३

शूर्पनखा—देव-दानवों ने मिल
मथकर समन्दर को निकाले थे चौदह रत्न;
सुनती हूं—
रम्भा और रमा ये दो नारियाँ भी निकली थीं,
कहते लोग, सुन्दरी हैं;
किन्तु मुझे जान पड़ता—
सृष्टि-भर की सुन्दर प्रकृति का सौन्दर्य-भाग
खींचकर विधाता ने भरा है इस अंग में—
प्यार से—
अन्यथा उस बूढ़े विधि शिल्पी की
कँपती हुई अँगुलियाँ बिगाड़ देतीं चित्र यह—
धूल में मिल जाती चतुराई चित्रकार की;
और यह भी सत्य है कि
ऐसी ललाम वामा चित्रित न होगी कभी;
रानी हूँ,
प्रकृति मेरी अनुचरी है;
प्रकृति की सारी सौन्दर्य-राशि लज्जा से
सिर झुका लेती जब देखती है मेरा रूप—
वायु के झकोरे से वन की लताएँ सब
झुक जातीं, नजर बचाती हैं—
अञ्चल से मानो छिपाती मुख

देख यह अनुपम स्वरूप मेरा ।
बीच-बीच पुष्प गुँथे किन्तु तो भी बन्ध-हीन
लहराते केश-जाल, जलद-श्याम से क्या कभी
समता कर सकती है
नील-नभ तड़ित्तारकाओं का चित्र ले
क्षिप्रगति चलती अभिसारिका यह गोदावरी ?—
हरगिज नहीं ।
कवियों की कल्पना तो
देखती ये भौंएँ बालिका-सी खड़ी—
छूटते हैं जिनसे आदिरस के सम्मोहन-शर
वशीकरण-मारण-उच्चाटन भी कभी-कभी ।
हारे हैं सारे नेत्र नेत्रों को हेर-हेर—
विश्व-भर को मदोन्मत्त करने की मादकता
भरी है विधाता ने इन्हीं दोनों नेत्रों में ।
मीन-मदन फाँसने की वंशी-सी विचित्र नासा—
फूलदल-तुल्य कोमल लाल ये कपोल गोल,
चिबुक चारु और हँसी बिजली-सी—
योजन-गन्ध-पुष्प-जैसा प्यारा यह मुखमण्डल
फैलते पराग दिङ्मण्डल आमोदित कर
खिंच आते भौंरे प्यारे ।
देख यह कपोत-कण्ठ
बाहु-बल्ली कर-सरोज
उन्नत उरोज पीन—क्षीण कटि—
नितम्ब-भार—चरण सुकुमार—
गति मन्द-मन्द,
छूट जाता ध्यान ऋषि-मुनियों का;
देवों—भोगियों की तो बात ही निराली है ।
पैरों पड़ते हैं बड़े-बड़े वीर,
माँगते कृपा की भिक्षा,

हाथ जोड़ कहते हैं, 'सुन्दरी ! अब कृपा करो,'
पर मैं विजय-गर्व से
विजितों, पद-पतितों पर
डाल अवज्ञा की दृष्टि
फेर लेती चन्द्रानन विश्वजयी ।
क्या ही आश्चर्य है !
कुछ दिन पहले तो यहाँ न थी यह अपूर्व शोभा,
निर्मम कठोर प्रकृति त्रस्त किया करती प्राण,
मरु-भूमि-सी थी जगह
उड़ती उत्तप्त धूलि—झुलसाती थी शरीर
पथिकों को देती थी कठोर दण्ड
चण्ड मार्त्तण्ड की सहायता से ।
और आज कितना परिवर्तन है !
हत्याएँ हजार जिन हाथों ने की होंगी
सेवा करते हैं वही हृदय के कपाट खोल
मीठे फल, शीतल जल लेकर बड़े चाव से ।
जड़ों में हुआ है नव-जीवन-सञ्चार, धन्य !
इच्छा होती है, इन
सखी-कलियों के संग
गाऊँ मैं अनूठे गीत प्रेम-मतवाली हो,
फूलों से खेलूँ खेल,
गूँथकर पुष्पाभरण पहनूँ,
हार फूलों के डालूँ गले ।
(फूलों से सजती है)
अरे ! क्या वह कुटीर है ?
आया क्या मुनि कोई !
बढ़कर जरा देखूँ तो
कौन यहाँ आया है मूर्ख प्राण देने को ।

पञ्चवटी-प्रसंग : ४

लक्ष्मण—प्रलय किसे कहते हैं ?
राम—मन, बुद्धि और अहङ्कार का लय प्रलय है।
लक्ष्मण—कैसे यह प्रलय होता है, कहो देव !
राम—व्यष्टि औ' समष्टि में नहीं है भेद,
भेद उपजाता भ्रम—
माया जिसे कहते हैं।
जिस प्रकाश के बल से
सौर ब्रह्माण्ड को उद्भासमान देखते हो
उससे नहीं वञ्चित है एक भी मनुष्य भाई !
व्यष्टि औ' समष्टि में समाया वही एक रूप,
चिद्घन आनन्द-कन्द।
आती जिज्ञासा जिज्ञासु के मस्तिष्क में जब—
भ्रम से बच भागने की इच्छा जब होती है—
चेतावनी देती जब चेतना कि छोड़ो खेल,
जागता है जीव तब,
योग सीखता है वह योगियों के साथ रह,
स्थूल से वह सूक्ष्म, सूक्ष्मातिसूक्ष्म हो जाता;
मन, बुद्धि और अहङ्कार से है लड़ता जब
समर में दिन दूनी शक्ति उसे मिलती है।
क्रम-क्रम से देखता है
अपने ही भीतर वह

सूर्य-चन्द्र-ग्रह-तारे
और अनगिनत ब्रह्माण्ड-भाण्ड।
देखता है स्पष्ट तब,
उसके अहङ्कार में समाया है जीव-जग;
होता है निश्चय ज्ञान—
व्यष्टि तो समष्टि से अभिन्न है;
देखता है, सृष्टि-स्थिति-प्रलय का
कारण-कार्य भी है वही—
उसकी इच्छा है रचना-चातुर्य में
पालन-संहार में।
अस्तु भाई, हैं वे सब प्रकृति के गुण।
सच है, तब प्रकृति उसे सर्वशक्ति देती है—
अष्ट सिद्धियाँ, वह
सर्वशक्तिमान् होता;
इसे भी जब छोड़ता वह,
पार करता रेखा जब समष्टि-अहङ्कार की—
चढ़ता है सप्तम सोपान पर,
प्रलय तभी होता है,
मिलता वह अपने सच्चिदानन्द रूप से।

लक्ष्मण—तो सृष्टि फिर से किस प्रकार होती है ?

राम—जिनकी इच्छा से संसार में संसरण होता—
चलते-फिरते हैं जीव,
उन्हीं की इच्छा फिर सृजती है सृष्टि नयी।
उसके लिए तात देखो,
क्या है अकार्य यहाँ ?
मुक्त जो हो जाता है
फिर नहीं वह लौटता।
बची रहती है जो अनन्त कोटि सृष्टि की
प्रकृति करती है क्रीड़ा उसे ले अनन्तकाल।

अस्तु, है यह अन्य भाव;
सौर ब्रह्माण्ड के है प्रलय पर तुम्हारा प्रश्न।
सुनो भाई,
जिस प्रकार व्यष्टि एक धरती है सूक्ष्म रूप
वैसे ही समष्टि का भी
सूक्ष्म भाव होता है।
रहते आकाश में हैं
प्रकृति के तब सारे बीज।
और यह भी सत्य है कि
प्रकृति के तीनो गुण सम तब हो जाते हैं—
सीता—यह है बड़ा जटिल भाव,
भक्ति-कथा कहो नाथ!
राम—भक्ति-कर्म-योग-ज्ञान एक ही हैं
यद्यपि अधिकारियों के निकट भिन्न दीखते हैं।
एक ही है, दूसरा नहीं है कुछ—
द्वैतभाव ही है भ्रम।
तो भी प्रिये,
भ्रम के ही भीतर से
भ्रम के पार जाना है।
मुनियों ने मनुष्यों के मन की गति
सोच ली थी पहले ही।
इसीलिए द्वैतभाव-भावुकों में
भक्ति की भावना भरी—
प्रेम के पिपासुओं को
सेवाजन्य प्रेम का
जो अति ही पवित्र है,
उपदेश दिया।
सेवा से चित्त-शुद्धि होती है।
शुद्ध चित्तात्मा में उगता है प्रेमांकुर।

चित्त यदि निर्मल नहीं,
तो वह प्रेम व्यर्थ है—
पशुता की ओर है वह खींचता मनुष्य को।
सीता—देखो नाथ, आती है नारी एक।
राम—बैठो भी, आने दो।

पञ्चवटी-प्रसंग : ५

शूर्पनखा—(स्वगत) यहाँ तो ये तीन हैं,
एक से हैं एक सुन्दर;
साथ एक नारी भी
सुन्दरी सुकुमारी है,
किन्तु क्या है मुझसे भी ?
(हृदय पर पड़ी हुई पुष्प-माला
देखती है कुछ मुस्किराती हुई)
सुन्दर नरों को तो देखकर यह जान पड़ता,
ऋषि नहीं, ये नहीं हैं तपस्वी कभी,
कोमलांग योग्य नहीं कठिन तपस्या के,
निश्चय हैं राजपुत्र
अथवा नररूप धर वन में हैं विचरते सुर।
श्यामल-सरोज-कान्ति
छीन लेती सहज ही
सञ्चित हृदय का प्रेम—
नारियों का गुप्त धन।
चाहता जी—
नील-जल-सरोवर पर
प्रेम-सुधा-कौमुदी पी
खिल-खिलकर हँसती हुई
भाग्यवती कुमुदिनी-सी

साँवरे का अधर-मधु पान कर
सुख से बिताऊँ दिन।
(राम के पास जाती है)
सुन्दर!
मैं मुग्ध हो गयी हूँ देख
अनुपम तुम्हारा रूप।
जैसी मैं सुन्दरी हूँ,
योग्य ही हो मेरे तुम।
मचल रहा मानस मम
इच्छा यह पूर्ण करो—
कामिनी की कामना
अपूर्ण नहीं रखते पुरुष!
मेरे साथ—मेरे बन
चलो तुम,
बिठाऊँगी स्वर्ग के सिंहासन पर तुम्हें सखे!
कुछ भी अप्राप्य नहीं
सर्वसुख भोगोगे पुरुषोत्तम!
स्वर्ग के राजाधिराज तुम होगे
और मैं राजरानी;
पारिजात-पुष्प के नीचे बैठ सुनोगे तुम
कोमल-कण्ठ-कामिनी की सुधा-भरी असावरी।
भ्रमर-भर-कम्पित यह यूथिका झुकेगी जब—

राम—सुन्दरी, विवाहित हूँ,
देखो, यह पत्नी है।
जाओ तुम उनके पास,
वे हैं कुमार और सुन्दर भी।
लक्ष्मण—सुन्दरी, मैं दास हूँ उनका,
और वे हैं महाराज कोशल-पति,

एक क्या, अनेक ब्याह कर सकते चाहें तो,
सेवक हूँ उनका मैं
मुझसे सुखाशा आकाश-कुसुम-तुल्य है।

शूर्पनखा—(राम से) मेरे योग्य तुम्हीं हो।

राम—देखो तो उन्हें जरा,
कितने वे सुन्दर हैं—हेमकान्ति।

शूर्पनखा—(लक्ष्मण से) मेरे हृदय-दर्पण में
प्रेम का प्रतिबिम्ब तब
कितना सुहावना है—कितना सुदर्शन,
तुम देख लो !

लक्ष्मण—दूर हट नीच नारी !

शूर्पनखा—(राम से) धिक है नराधम तुझे,
वञ्चक कहीं का शठ,
विमुख किया तूने उसे
आयी जो तेरे पास
चाव से
अर्पण करने के लिए जीवन-यौवन नवीन।
निश्छल मनोहर श्याम काम-कामनीय देख
सोचा था मैंने,
तू काम-कला-कोविद
कोई रसिक अवश्य होगा।
मैं क्या जानती थी
यह काम की नहीं है
किन्तु विष की है श्यामता ?—
कूट-कूटकर इसमें
भरा है हलाहल घोर ?
सोचा था गुलाब जिसे

निकला छिः जङ्गली निर्गन्ध कुसुम।
तप्त मरुभूमि की
मृगी का-सा हुआ भ्रम।
दगा दिया तूने ज्यों
त्यों ही फल भोगेगा इसका तू शीघ्र ही।
दम में दम जब तक है,
काल-नागिनी-सी मैं लगी रहूँगी घात में।
तुझे भी रुलाऊँगी,
जैसा है रुलाया मुझे।

राम—अभी तो रुलाया नहीं,
इच्छा यदि है तो तू

(लक्ष्मण को इशारा)

लक्ष्मण—रो अब जी खोलकर !

(नाक-कान काटते हैं)

जागरण

प्रथम विजय थी वह—
भेदकर मायावरण
दुस्तर तिमिर घोर—जड़ावर्त—
अगणित-तरंग-भंग—
वासनाएँ समल निर्मल—
कर्दममय राशि-राशि
स्पृहाहत जंगमता—
नश्वर संसार—
सृष्टि-पालन-प्रलय-भूमि—
दुर्दम अज्ञान-राज्य—
मायावृत 'मैं' का परिवार—
पारावार-केलि-कौतूहल
हास्य-प्रेम-क्रोध-भय—
परिवर्तित समय का—
बहु-रूप-रसास्वाद—
घोर-घन्माद-ग्रस्त,
इन्द्रियों का वारम्वार बहिरागमन,
स्खलन, पतन, उत्थान—एक
अस्तित्व जीवन का—
महामोह,
प्रतिपद पराजित भी अप्रतिहत बढ़ता रहा,

पहुँचा मैं लक्ष्य पर।
अविचल निज शान्ति में
क्लान्ति सब खो गयी—
डूब गया अहंकार
अपने विस्तार में—
टूट गये सीमा-बन्ध—
छूट गया जड़-पिण्ड—
ग्रहण देश-काल का,
निर्बीज हुआ मैं—
पाया स्वरूप निज,
मुक्ति कूप से हुई,
नीड़स्थ पक्षी की
तम-विभावरी गयी—
विस्तृत अनन्त पथ
गगन का मुक्त हुआ;
मुक्त पङ्ख उज्ज्वल प्रभात में;
ज्योतिर्मय चारो ओर
परिचय सब अपना ही !
स्थित मैं आनन्द में चिरकाल
जाल-मुक्त। ज्ञानाम्बुधि
वीचिरहित। इच्छा हुई सृष्टि की,
प्रथम तरंग वह आनन्द-सिन्धु में,
प्रथम कम्पन में सम्पूर्ण बीज सृष्टि के,
पूर्णता से खुला मैं पूर्ण सृष्टि-शक्ति ले,
त्रिगुणात्मक रचे रूप,
विकसित किया मन को,
बुद्धि, चित्त, अहंकार, पञ्चभूत,
रूप-रस-गन्ध-स्पर्श,
शब्दज संसार यह,

बीचियाँ ही अगनित शुचि सच्चिदानन्द की।
फैला प्रकाश मेरा आदियुग,
सत्य समुद्भासमान,
अल्प अज्ञान ज्ञान-राशि में,
स्वर्णलोक शोक हर लेता था—
देता था हृदय को चिरसञ्चित हृदय का प्रेम,
अक्लेद, अल्पभेद,
प्रस्फुट गुलाब-सा
कण्टक-संयुक्त भी कोमल-तनु मन्द-गन्ध।
स्पर्श मधुर अधरों को,
नयनों को दर्शन-सुख,
उपकरण नहीं थे अनेक,
एक आभरण प्रेम था।
मन के गगन के
अभिलाष-घन उस समय,
जानते थे वर्षण ही—
उद्गीरण वज्र नहीं।
वेदना में प्रेम था, अपनापन,
रसना न भोग की,
आकर्षण घोर निज ओर का—
न निर्दय मरोर था।
अन्त में अनन्त की
प्रथम विभूति वह
मुग्ध नहीं करती थी।
बाँधकर पाश से
विपथगामी न कभी करती थी पथिक को।
अपना शरीर, निजता का सर्वस्व मन
वारती थी सेवा में, सत्य-आदर्श की
ज्योति वह दिखाती थी,

सञ्चालित करती थी उसी ओर,
सहज भाषा में
समझाती थी ऊँचे तत्त्व
अलङ्कार-लेश-रहित, श्लेष-हीन,
शून्य विशेषणों से—
नग्न-नीलिमा-सी व्यक्त
भाषा सुरक्षित वह वेदों में आज भी—
मुक्त छन्द,
सहज प्रकाशन वह मन का—
निज भावों का प्रकट अकृत्रिम चित्र।
हरित पत्रों से ढके
श्यामल छाया के वे
शान्ति के निविड़नीड़,
मलयज सुवास स्वच्छ,
पुष्प-रेणु-पूरित वे आश्रम-तपोवन,
शुचि सरल सौन्दर्य के अनुपम पावन स्वर,
प्रांगण विभूति का—
बालिका की क्रीड़ा-भूमि—
कल्पना की धन्य-गोद—
सभ्यता का प्रथम विकास-स्थल।
धवल पताका देवत्व की,
ज्योतिर्मात्र, अशरीर,
चिर अधीरता पर
विजय-गर्व से उड़ती हुई
व्योम-पथ पर
'सोऽहम्' का शान्त स्वर
भरा हुआ प्रतिमुख में,
'अण्वप्युचितम्' विशाल हृदय
मुक्त द्वार खुला था

सदा ही संसार को
शिक्षा देने के लिए
'तत्त्वमसि' महाज्ञान।
विश्व-विद्यालय के वे
प्रथम स्तम्भ—विटप-मूल, छायाछन्द,
शिक्षा उदारता,
विश्लेषण चरम एकत्व का बहुत्व में—
परमाणुओं के प्रतिघातों से बचने को
पूजा-भाव, भेद-समर-नाशक,
विज्ञान आनन्दप्रद—
पावन वह वन-भूमि।